从零开始学
网络营销和推广
（第2版）

吴振彩　徐捷　编著

清华大学出版社
北京

内 容 简 介

本书从内容和实战两条线,帮助读者成功开启自己的网络营销之路!内容线:从网络营销、微信营销、社群营销、视频营销、音频营销、自媒体营销、直播营销、论坛营销、软文营销、视觉营销和搜索营销等方面,对网络营销进行了深刻的阐述,帮助读者学习网络营销和推广的操作。实战线:书中安排了大量的实战案例,特别是最后通过一个大型案例《Vlog短视频》图书的营销,深度讲解网络营销的具体实战方法,包括如何进行微信营销、电商营销、微博营销、头条营销和简书营销等,让读者身临其境,快速学会。

本书结构清晰、内容精练、案例翔实、实用性强,适合想要了解和学习网络营销的读者、互联网创业者、网络营销从业者阅读,也可供电子商务、网络营销相关专业的学生作为教材使用。

本书封面贴有清华大学出版社防伪标签,无标签者不得销售。
版权所有,侵权必究。举报:010-62782989,beiqinquan@tup.tsinghua.edu.cn。

图书在版编目(CIP)数据

从零开始学网络营销和推广 / 吴振彩,徐捷编著. —2版. —北京:清华大学出版社,2022.1
ISBN 978-7-302-58807-8

Ⅰ. ①从… Ⅱ. ①吴… ②徐… Ⅲ. ①网络营销—教材 Ⅳ. ①F713.365.2

中国版本图书馆CIP数据核字(2021)第157514号

责任编辑:张 瑜
封面设计:杨玉兰
责任校对:周剑云
责任印制:宋 林

出版发行:清华大学出版社
网 址:http://www.tup.com.cn,http://www.wqbook.com
地 址:北京清华大学学研大厦A座 邮 编:100084
社 总 机:010-62770175 邮 购:010-62786544
投稿与读者服务:010-62776969,c-service@tup.tsinghua.edu.cn
质量反馈:010-62772015,zhiliang@tup.tsinghua.edu.cn

印 装 者:小森印刷(北京)有限公司
经 销:全国新华书店
开 本:170mm×240mm 印 张:15.5 字 数:246千字
版 次:2017年7月第1版 2022年1月第2版 印 次:2022年1月第1次印刷
定 价:59.80元

产品编号:091344-01

前言

无论是移动网络最初普及之时,还是如今的互联网时代,网络营销逐渐取代传统营销,成了主流的营销手段。随着时代的不同,营销方式或工具也在发生变化,比如:微信席卷网络之时,微信公众号、小程序和视频号成了营销和创业的工具;以今日头条为代表的新媒体平台崛起,点燃了自媒体营销的烽火;与此同时,以抖音和快手为代表的短视频平台成为人人渴求的一个流量池。

随着网络营销逐渐成熟,公众号的用户已从2000多万向亿级发展,今日头条已有5亿用户,抖音已有超4亿多日活量……为了让更多的商家快速入行,作者根据自身经验,特别编写了本书,希望读者能用最短的时间掌握营销技巧,实现商业变现!

1. 全程讲解

本书从基本要素出发,从两个方面向读者展示全新的网络营销技巧,结合经典的案例,深入浅出地分析专业的理论知识,循序渐进地让读者掌握多方面的网络技巧,使读者在学习与欣赏的过程中提升自身能力。

本书主要介绍了网络营销的概念、微信营销、社群营销、视频营销、音频营销、自媒体营销、直播营销、论坛营销、软文营销、搜索营销以及视觉营销等内容,目的是教会读者进行多平台网络营销,并提供了一条从基础学起、快速掌握网络营销技巧的成长捷径。

学习完本书内容,读者可以明了网络营销基本知识,熟悉其特点及优势;了解微信营销技巧,好好利用微信生态;了解社群营销特点,增强与粉丝之间的互动;掌握视频营销技巧,激发用户的购买欲望;了解音频直播特点,快速获取流量红利;学习自媒体营销,扩大影响途径;了解论坛营销,培养关键意见领袖,将商业价值极大化;熟知软文营销,打造出火爆的文章和吸睛标题;利用视觉营销,塑造自己的品牌形象;扩大搜索营销,优化账号数据,提升自身排名。

2. 案例贯通

为了帮助读者将所学的知识点融会贯通,书中最后特意安排了一个综合实战案例,以一本书——《Vlog视频拍摄剪辑与运营从小白到高手》（正文中多简称《Vlog短视频》）为例，从微信营销、视频营销、电商营销和其他平台的营销入手，相对全面地分析了网络营销的全过程。在此过程中，《Vlog视频拍摄剪辑与运营从小白到高手》一书的作者——"vivi的理想生活"提供了诸多素材与帮助，作者在此表示感谢。

特别提醒：书中采用的抖音和快手等直播软件的案例界面，包括账号、作品、粉丝量等相关数据，都是本书写稿时的截图，从书稿编写到出版，中间还有几个月的时间，若图书出版后软件有更新，请读者以出版后的实际情况为准，根据书中提示，举一反三操作即可。

本书由吴振彩、徐捷编著，参与编写的人员还有严不语等人，在此表示感谢。由于作者知识水平有限，书中难免有错误和疏漏之处，恳请广大读者批评和指正。

编 者

目录

第1章 网络营销：了解概念以及具体趋势 1

- 1.1 入门知识：揭秘网络营销实质 2
  - 1.1.1 什么是网络新媒体 2
  - 1.1.2 什么是网络营销 2
  - 1.1.3 网络营销的性质 6
- 1.2 发展趋势：展望网络营销的前景 7
  - 1.2.1 网络新媒体的发展 7
  - 1.2.2 网络新媒体的发展趋势 8
  - 1.2.3 网络营销的发展趋势 9
- 1.3 营销思维：如何玩转网络营销 10
  - 1.3.1 每个粉丝都是交流主体 10
  - 1.3.2 共用优质内容吸粉引流 10
  - 1.3.3 娱乐化的策略是关键 10
  - 1.3.4 病毒式激发与扩散 11
- 1.4 营销操作：如何进行网络营销 12
  - 1.4.1 明确关键点 12
  - 1.4.2 做好用户定位 12
  - 1.4.3 做好服务定位 14
  - 1.4.4 做好内容定位 15
  - 1.4.5 获取更多素材 15
- 1.5 营销要点：网络营销的基本原则 17
  - 1.5.1 正能量原则 17
  - 1.5.2 讨粉丝喜欢原则 18
  - 1.5.3 乐于分享原则 18
  - 1.5.4 严格细致原则 19

第2章 微信营销：打造全覆盖的营销平台 21

- 2.1 微信号营销：重要的营销入口 22
  - 2.1.1 账号易记易传播，才好推广 22
  - 2.1.2 主题照片，更大的展示舞台 22
  - 2.1.3 个性签名，留下绝佳印象 23
  - 2.1.4 标签分组，大大提高效率 24
  - 2.1.5 转载链接，公众号＋头条号＋H5 25
- 2.2 公众号营销：展示强大的吸引力 25
  - 2.2.1 推给用户想要的内容 25
  - 2.2.2 创作优质营销内容 26
  - 2.2.3 提高文章品质的秘技 28
  - 2.2.4 用交流来激活用户 29
- 2.3 朋友圈营销：呈现精彩营销内容 31
  - 2.3.1 朋友圈是网络营销的战场 31
  - 2.3.2 地址信息，朋友圈中第二广告位 33
  - 2.3.3 自我评论，让营销信息全部显示 34
  - 2.3.4 巧妙晒单，激发客户心动的手段 34
  - 2.3.5 晒好评：让事实来做营销推广 36
- 2.4 小程序营销：实现微信营销闭环 37
  - 2.4.1 打通关联，进行营销互补 37
  - 2.4.2 借助推广，加强营销能力 38

2.4.3 O2O模式，带来更多机会 39
2.4.4 自我定位，寻找适合业务 39

第3章 社群营销：让用户成为商家的朋友 41

3.1 基本概念：社群营销知识及趋势 42
    3.1.1 什么是社群营销 42
    3.1.2 "粉丝+社群"模式 42
    3.1.3 用户创造等于商家制造 43
    3.1.4 "社群+情景"等同触发 43
    3.1.5 "实时响应+服务"等同营销 44

3.2 加强联系：如何加强群员间的互动 45
    3.2.1 让用户创造和分享内容 45
    3.2.2 铁杆粉丝培养计划 47
    3.2.3 粉丝口碑，自发推荐 47
    3.2.4 找到微信群，混群创高效 48
    3.2.5 如何悉心管理微信群 49
    3.2.6 让群成员一眼看到群公告 49
    3.2.7 5个方面，塑造品牌 50
    3.2.8 社群红包，活跃气氛 51

3.3 了解要点：清楚社群营销成功的关键点 52
    3.3.1 体验极致+传播内容的用心 52
    3.3.2 "粉丝经济"不等于"社群经济" 53
    3.3.3 社群的价值重点在于营销 53

3.4 基本操作：掌握社群营销的基本构成及步骤 54
    3.4.1 社群营销的六个要点 54
    3.4.2 社群营销的三个要素 57
    3.4.3 社群营销的三个步骤 59

第4章 视频营销：不断拉近与用户的距离 65

4.1 视频号营销：品牌营销新方向 66
    4.1.1 短视频的品牌营销优势 66
    4.1.2 视频号有哪些营销优势 67
    4.1.3 补全微信生态内容 68
    4.1.4 软性广告营销 69
    4.1.5 场景营销凸显卖点 69
    4.1.6 适当展示产品优势 69

4.2 抖音营销：快速获得高曝光量 70
    4.2.1 广告营销技巧 70
    4.2.2 内容营销技巧 72
    4.2.3 互动营销技巧 73
    4.2.4 创意信息营销 74
    4.2.5 营销复盘 75

4.3 快手营销：快速获得高曝光量 77
    4.3.1 利用功能进行营销 77
    4.3.2 两种精准营销方法 77
    4.3.3 多与用户进行沟通 78
    4.3.4 营销内容质量至上 79
    4.3.5 立足定位进行营销 79

4.4 B站营销：新兴平台蕴含巨大能量 80
    4.4.1 B站广告营销 80
    4.4.2 充电计划 81
    4.4.3 悬赏计划 81
    4.4.4 课程营销 82
    4.4.5 绿洲计划 83
    4.4.6 跨平台营销 83

第5章 音频营销：用亲切感带来巨大收益 85

5.1 新兴平台：音频营销的三种方式 86
    5.1.1 内容中植入广告营销 86

5.1.2　创建音频自媒体营销.................86
　　5.1.3　通过专题节目营销.....................87
5.2　具体分析：常用的音频营销平台........87
　　5.2.1　喜马拉雅 FM............................87
　　5.2.2　蜻蜓 FM...................................90
　　5.2.3　听伴 FM...................................92
　　5.2.4　荔枝 FM...................................94

第 6 章　自媒体营销：占领全新的营销制高点..................97

6.1　初步认识：自媒体营销相关的概述.....98
　　6.1.1　什么是自媒体............................98
　　6.1.2　自媒体的优劣势分析................99
　　6.1.3　常见内容误区..........................101
6.2　做好准备：如何做好自媒体营销......101
　　6.2.1　选择可靠平台..........................102
　　6.2.2　掌握大量人脉..........................102
　　6.2.3　进行自我推广..........................103
6.3　头条号营销：扩大影响力的四大技巧...104
　　6.3.1　大数据实现精准营销................104
　　6.3.2　好口碑实现自发营销................105
　　6.3.3　事件实现有效转化...................106
　　6.3.4　包装——两大方法，增加额外曝光度..106
6.4　大鱼号营销：专业营销推广三部曲...107
　　6.4.1　MCN 营销，更为专业..............107
　　6.4.2　推广营销，把握热点................108
　　6.4.3　粉丝营销，提升数量................111

第 7 章　直播营销：面对面提升用户好感度......................................113

7.1　营销本质：注重人与人的互动..........114
　　7.1.1　细化用户标签，以差异化内容引流..114
　　7.1.2　利用"用户即时消费心理"销售产品..116
7.2　提高竞争力：成为产品营销之王......117
　　7.2.1　从"货品"营销转向"内容"营销..117
　　7.2.2　聚焦于"从人到人"的社交圈..119
　　7.2.3　形成以粉丝利益为核心的观念..119
　　7.2.4　使用 VR、云技术等增强用户的体验..120
7.3　直播营销：快速吸粉引流有秘诀......120
　　7.3.1　营销引流：提供优质内容........120
　　7.3.2　营销优势：促进用户互动........125
　　7.3.3　小心谨慎：雷区要注意............126
7.4　营销技巧：让用户无法拒绝你..........128
　　7.4.1　守护主播：吸引和沉淀新粉丝..128
　　7.4.2　智能回复：快速响应粉丝要求..129
7.5　技巧提升：营销与推广相结合..........131
　　7.5.1　营销方案的五个要素................131
　　7.5.2　直播营销方案的执行................133
　　7.5.3　宣传引流的四种方法................133

第 8 章　论坛营销：通过问答形式造成影响..135

8.1　常见论坛：让帖子快速火起来..........136
　　8.1.1　辅助搜索引擎营销推动用户互动..136

8.1.2　推动社群运营推广的因素 136
　　8.1.3　培养意见领袖以塑造权威 137
　　8.1.4　促进营销推广的发帖类型 137
　　8.1.5　以原创为核心的百度贴吧 138
　　8.1.6　豆瓣：评论的自由＋互动性 139
　　8.1.7　天涯论坛：充满人文关怀 140
8.2　问答平台：给你想要的答案 141
　　8.2.1　SEM提高精准度与可信度 141
　　8.2.2　流量渠道：直接流量和有效外链接 142
　　8.2.3　知乎：话题性高，推动传播和推广 143
　　8.2.4　在行一点：付费语音问答模式再升级 144
　　8.2.5　百度知道：庞大用户群体的流量支持 145
　　8.2.6　360问答：自动匹配，问答更具效率 146

第9章　软文营销：轻松打造热门优质文案 149

9.1　初步了解：软文营销的创作技巧 150
　　9.1.1　了解写作思路 150
　　9.1.2　以读者为中心 151
　　9.1.3　突出软文的主旨 152
　　9.1.4　适当使用短句 152
　　9.1.5　内容简单明了 152
　　9.1.6　减少专业术语 153
9.2　四大方面：了解软文营销秘密 154
　　9.2.1　四大特点助力优秀营销 154
　　9.2.2　六大切入点：掌握表现技巧 155
　　9.2.3　四大目的：优秀软文的动力 157
　　9.2.4　四大步骤：按部就班写软文 158

9.3　提升技能：体现内容表达效果 159
　　9.3.1　把握文字表达 159
　　9.3.2　加强个性表达 160
　　9.3.3　坚持立足定位 161
　　9.3.4　评论文案的技巧 162
9.4　4种策略：促成软文营销的目标 164
　　9.4.1　热门话题营销策略 164
　　9.4.2　技术营销策略 164
　　9.4.3　经验式营销策略 164
　　9.4.4　新闻式营销策略 165
9.5　注意事项：避开软文营销陷阱 165
　　9.5.1　软文营销操作上的注意事项 165
　　9.5.2　营销软文写作方面的注意事项 166

第10章　视觉营销：可视化信息让效率翻倍 171

10.1　视觉设计：打造IP的视觉元素 172
　　10.1.1　设置生动的封面图片 172
　　10.1.2　品牌头像是无形资产 173
　　10.1.3　简介加入最佳服务信息 176
　　10.1.4　封面抓住用户的喜好 176
　　10.1.5　标签小心引导账号营销 178
　　10.1.6　口号加深用户的记忆点 179
　　10.1.7　以活体代表品牌相关形象 180
　　10.1.8　色彩：风格独特，选择惯用的主色调 181
　　10.1.9　字体：个性鲜明，增加用户的辨识度 182
10.2　视觉认知：信息高效传达的六个技巧 183
　　10.2.1　何为视觉营销，有何意义 183
　　10.2.2　了解消费者的购物流程 185

10.2.3 创造视觉内容的注意事项......187
10.2.4 视觉内容的分类与标准......189
10.2.5 使用图形与可视化工具......190
10.2.6 利用视觉相关专业知识......191

第 11 章 搜索营销：优化平台数据提升排名......201

11.1 基本认识：为何要做数据分析......202
  11.1.1 入口优化技巧......202
  11.1.2 品牌建设......204
  11.1.3 粉丝黏性，增强留存......204
11.2 流量占领：研究搜索关键词......205
  11.2.1 如何理解关键词......205
  11.2.2 关键词的营销价值......208
  11.2.3 关键词流量转化......209
  11.2.4 关键词细化服务......210
  11.2.5 增加搜索成功的概率......211
  11.2.6 主动思索新的关键词......214
11.3 设置技巧：提升内容曝光率......214
  11.3.1 从用户角度思考......215
  11.3.2 向对手学习经验......216
  11.3.3 以故事形式引入关键词......216
  11.3.4 用八卦做关键词......216
  11.3.5 心得体会中插入关键词......217
11.4 搜索优化：发挥关键词作用......217
  11.4.1 8 个技巧优化关键词......218
  11.4.2 两个妙招预测关键词......218
  11.4.3 以热点带动搜索量......219
  11.4.4 用话题提升搜索机会......220

第 12 章 实战案例：《Vlog 短视频》图书的营销与推广......221

12.1 实际操作：营销推广案例介绍......222
  12.1.1 了解作者理念......222
  12.1.2 了解自身产品......222
12.2 微信营销：带来更多商机......223
  12.2.1 朋友圈营销，分享产品信息......223
  12.2.2 摇一摇营销，学会大撒渔网......224
  12.2.3 公众号营销，连续发表软文......224
12.3 视频营销：更加惹人瞩目......226
  12.3.1 抖音营销，内容＋主页宣传......226
  12.3.2 视频号营销，线上线下联动......227
  12.3.3 B 站营销，利用个性签名......229
12.4 电商营销：促成用户交易......229
  12.4.1 京东与当当，争取上首页......230
  12.4.2 淘宝营销，争取上首页......232
  12.4.3 拼多多营销，争取上首页......233
12.5 其他平台：方法多多益善......234
  12.5.1 微博营销，获得营销力量......234
  12.5.2 头条营销，精准引流吸粉......235
  12.5.3 简书营销，减少广告痕迹......235

第 1 章
网络营销：了解概念以及具体趋势

> **学前提示**
>
> 与以前传统的营销模式相比，网络营销能够在很大程度上减少企业营销过程中的渠道限制，使得企业的营销变得更简单。在本章中，作者将为大家介绍网络营销的基础内容，帮助商家了解和熟悉网络营销，为后期更好地进行网络营销和推广打下基础。

1.1 入门知识：揭秘网络营销实质

在移动互联网迅速发展的当下，网络新媒体给传统媒体带来了很大的冲击，为许多行业的发展提供了新的营销平台。下面作者带领读者一起认识网络新媒体及网络营销，帮助大家对网络营销做出初步把握。

1.1.1 什么是网络新媒体

由于对网络新媒体的划分标准不一，业界对网络新媒体还没有做出硬性的分类规定。一般来说，网络新媒体的主流定义主要包括以下两方面内容。

（1）狭义上，网络新媒体是继报纸、广播和电视等传统媒体之后，最近几年发展起来的一种新的媒体形态，它是相对于传统媒体而言的。

（2）广义上，它指的是在各种数字技术和网络技术的支持下，通过电脑、手机和数字电视机等各种网络终端，向用户提供信息和服务的传播形态，它表现的是一种数字化的媒体形态。

网络新媒体相比传统媒体来说，更偏重于为受众提供个性化的服务。在注重个性化的同时，它也为受众提供了一个交流平台。例如，微博和微信等都属于网络新媒体的具体表现形态。

1.1.2 什么是网络营销

网络营销是指利用网络新媒体平台进行营销的模式，就目前行业的发展来说，最具代表性的网络营销方式当属科技博客、手机媒体、IPTV（网络协议电视或交互式网络电视）、数字电视、微博、微信和短视频这七大类。其中，短视频在网络营销方面发展最为火热。下面对新媒体七大营销方式进行具体介绍。

1. 科技博客

科技博客是发展比较早的网络新媒体，它属于博客的一个比较强大的分支，博客里的文章大多是由一些从业者或者行业专家凭兴趣撰写的。因此，科技博客里的文章特点是以业余形式展现专业知识。科技博客最具代表性的是IT之家，如图1-1所示。

2. 手机媒体

在如今这个新时代，手机不仅是一个通信工具，还是人们认识世界、了解世界和发现世界的新通道，被人们称为"第五媒介"。一般来说，手机用户除了用手机与他人联系外，还会订阅手机报、书刊和杂志等。各种电子版书稿已成为人们获取知识的重要来源。

图 1-1　IT 之家官网

也许很多人会认为手机报、电子书刊和杂志早已过时，但是现在看来，它们依然存在并刺激着消费市场。图 1-2 所示为 2016—2020 年新闻客户端的用户规模，我们可以清楚地看到，手机报纸类新媒体的用户趋势是逐年上升的。

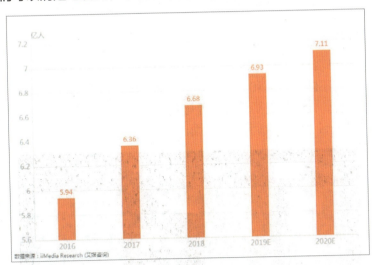

图 1-2　2016—2020 年新闻客户端的用户规模

3．IPTV

IPTV（Internet Protocol Television，网络协议电视）指的是一种交互式网络电视，它是互联网和传统电视的结合。IPTV 不再是以固有的受众定位来进行传播，而更偏重于两者之间的互动，以实现共享和移动。中国移动、中国联通和中国电信都在不断打造新型 IPTV，以获得竞争优势。图 1-3 所示为中国电信 IPTV 的官网。

图 1-3 中国电信 IPTV 的官网

4．数字电视

数字电视是网络新媒体的代表之一，随着数字电视用户的不断增加，数字电视的产业链也在不断地发展和完善。如今，虽然年轻人更偏向于网络平台，但是对中老年人来说，他们还是更偏向于看电视。因此，数字电视针对的大多是中老年人市场。图 1-4 所示为数字电视界面。

图 1-4 数字电视界面

5．微博

微博是继新媒体发展后新兴的一种媒体形态。它通过一对多的互动交流方式，以及快速、广泛传播的特性，成为商家的良好推广平台。图 1-5 所示为新浪微博界面。

图 1-5　新浪微博界面

6．微信

微信虽然是一款社交应用程序，但它已远远超越社交媒体和交流平台的定义。从免费的短信聊天功能，到语音交流体验，再到"摇一摇"（搜索附近的人）、"扫一扫"（扫描图片或二维码）、"附近的人"等功能，以及微信公众号和新推出的视频号，它为广大用户创造了更多的信息传播渠道，给用户带来了全方位和高品质的服务体验。图 1-6 所示为微信的部分功能，这些功能都是网络营销的重要组成部分。

7．短视频

短视频是这几年最火的视频形式，它以短小精悍的内容、丰富而又可塑性强的表演形式，承载着广告商的期盼和平台用户的喜怒哀乐。当然，这几年流量巨大的短视频平台，莫过于抖音和快手，它们一跃成为商家进行网络营销的主要平台，它们的界面如图 1-7 所示。

图 1-6　微信的部分功能

图 1-7　抖音的界面（左）与快手的界面（右）

1.1.3　网络营销的性质

　　网络营销多偏向于新媒体方面的运营发展，从网络营销的表现形式来看，它具有以下五个方面的性质。

（1）体验性：它改变了传统媒体"传播者单向发布"和"受众被动接受"的状态，每个用户既是信息的接受者，又扮演着传播者的角色。此外，它还摆脱了固定场所的限制，提高了消费者的参与体验，达到了更好的传播效果。

（2）沟通性：网络新媒体的信息传播速度相比传统媒体更迅速，消费者可以实时接收信息，及时做出相应的反馈。

（3）差异性：它与传统媒体营销方式有着很大的差别，在进行内容传播时，它可以做到将文字、图片和视频等内容同时传播。这样一来，不仅增加了传播内容的信息量，也在一定程度上扩大了传播内容的深度和广度。

（4）创造性：它可以创造舆论热点，信息竞争力远超传统媒体。

（5）关联性：它更注重"关系"与"情感"，其影响偏向于"深度卷入"，而不是"生拉硬拽"，使广告产生真正的影响力。

1.2　发展趋势：展望网络营销的前景

现如今，随着网络新媒体的不断发展，很多行业都会利用它来展开营销战。那么，网络新媒体是如何发展的呢？下面和大家一起探究。

1.2.1　网络新媒体的发展

随着移动互联网用户的不断增加，网络新媒体也进入了新的发展时期，走向了发展的新巅峰，它开启了"智能移动终端 + App"的新模式。腾讯、网易和搜狐等各大移动新闻客户端进入了全面的深度整合时期，以打通微信、微博和短视频平台的方式，打造全媒体的发展战略，进一步满足了受众的个性化需求。图 1-8 所示为国内网民对网络新媒体的认知分布，由此我们可以看出，许多网民已经认识到了网络新媒体和传统媒体在形式上的区别。

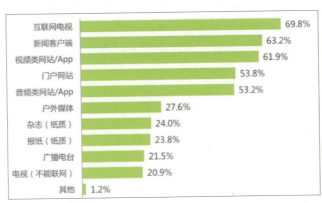

图 1-8　国内网民对新媒体的认知分布

1.2.2 网络新媒体的发展趋势

随着网络新媒体的不断发展，人们开始关注：媒体未来的趋势会怎样？网络新媒体和传统媒体又将怎样？新媒体发展得这么好，传统媒体还有市场吗？我们从以下五个方面来分析网络新媒体未来的发展趋势。

1．发展渠道

网络新媒体一直是业界人士讨论的热点，很大一部分人说网络新媒体会取代传统媒体成为未来移动媒体的 No.1。从电商平台我们就能明显地看出来，移动电商平台不仅让人们打破了对网购的成见，更是影响着大部分年轻人的生活方式。因此，网络新媒体可以借助移动电商和短视频这一发展渠道，打开未来营销市场。

2．关系的价值

传统媒体的信息媒介是电视、报纸和海报等，而当今新媒体的信息媒介是微信、微博和抖音等新媒体平台。尤其是微信朋友圈，商家可以通过朋友、同事和家人之间的关系进行营销，这充分表明了"关系"在移动互联网中的营销价值。

3．专一细致

细分人群的兴趣爱好是网络新媒体的一大优势及亮点，它不再像传统媒体一样只顾推广和传播，只追求广泛的范围和全面的人群。它是在缩小领域，专一地做自己领域的营销，让受众关注度更加持久，创造更大的价值。

4．时代变化

俗话说："长江后浪推前浪，一浪更比一浪强。"时代和人群的变化是让网络新媒体快速发展的主要原因。例如，现在大部分人都是在互联网上看视频、直播和影视剧，借助这种新媒体发展的趋势，电视媒体创新了自己的传播方式，获得了新时代主流人群的欢迎。

5．信息精选

在信息庞大繁杂的时代，个性化的媒体是有生存优势的。例如，今日头条会根据用户关注的订阅和兴趣，推送该用户感兴趣的新闻、话题和信息，以维持用户持久的关注度，这就说明只有保证了用户的持久关注度，商家的营销才不会掉链子。

1.2.3 网络营销的发展趋势

其实从很多方面可以看出，网络新媒体和传统媒体并不是谁替代了谁，而是相互扶持、共存共荣的一种关系。网络新媒体之所以受商家欢迎，是因为与传统媒体相比，网络新媒体更容易获得营销利益。那么，网络营销的发展又会有怎样的趋势呢？下面来进行分析。

（1）企业利用新媒体的优势和特点，可以进行营销整合、扩大品牌知名度和拓展营销市场。因此，企业和个人在营销时会优先考虑网络新媒体平台，从网络新媒体入手，打开企业营销之路。

（2）我国目前的主流消费群体是"80后""90后"和"00后"，他们在互联网时代中成长，智能手机的普及更是让他们时刻都接触着网络新媒体。可以说，他们中的大部分人在生活、工作、学习和娱乐时，绝大部分信息都是从网络新媒体上获取的。甚至可以说，他们不论什么时间都在与媒体产生一定的联系，并且他们的影响越来越重要。

例如，某公司为了销售产品，在微信公众号平台上创建了一个名为"手机摄影构图大全"的微信公众号。它利用微信的"关系"营销，在微信公众号上发布精美的文案，吸引对该产品感兴趣的人群，从而达到销售产品的目的。图1-9所示为"手机摄影构图大全"微信公众号上的营销内容。

图1-9 "手机摄影构图大全"微信公众号上的营销内容

可以看出，网络营销还在持续发展，且热度依旧，越来越多的企业愿意用这样的方式去营销自己的产品。

1.3 营销思维：如何玩转网络营销

在移动互联网时代，网络新媒体的发展中比较重要的就是网络营销思维的运用。对于商家或企业来说，要想实现网络营销的预期效果，就要创造有价值的内容。只有这样，这个媒体平台才能更好地运营。总而言之，网络营销常用的思维主要包括粉丝思维、平台思维、营销思维和病毒式传播思维，本节主要对这四种思维进行具体介绍。

1.3.1 每个粉丝都是交流主体

粉丝思维主要体现在新媒体平台与粉丝之间的互动上，传统意义上的互动指的是一群人聚集在一起，通过脑力去解决某个问题，而移动互联网时代的互动却是指网络信息的双向互通。网络的特殊性改变了传统单向的信息流动方式，网络舆论的生成，让商家可以看到用户内心的想法。也就是说，每个人都是互动链条上的主体，每个人都有属于自己的不同观点和意见，这些观点之间相互交流或交融，能够为网络营销带来全新的面貌。

1.3.2 共用优质内容吸粉引流

平台思维其实是一种"打造精品内容"的思维，即通过优质的、对用户有价值的内容吸引和留住用户。商家打造一个好的平台，除了要在内容上下功夫之外，还需要在排版、图片、视频和文字等细节上入手，通过舒适的版面、高清的图片、简短的视频和有料的文字来吸引用户。

同时，推动平台内的资源运作也是平台思维的手段之一，什么是资源运作？资源运作就是当一个平台的粉丝量达到一定程度时，这些粉丝就可以成为一种资源，与平台成为利益共同体。这样的平台不仅能够留住粉丝，还能实现平台和粉丝的利益最大化。因此，对于从事网络营销的商家来说，平台思维是相当重要的。

1.3.3 娱乐化的策略是关键

网络营销思维很大程度上体现在内容的娱乐性上，在移动互联网时代，消费者喜欢具有娱乐化性质的事物，商家在营销时要抓住这个要点，打造一套娱乐化的网络营销策略。

娱乐化的网络营销方式是一种传播手段，它主要是指商家或企业在利用移动互联网进行网络营销的过程中，使用各种娱乐化元素，吸引消费者的目光，达到信息传播的目的。具体来说，娱乐化的网络营销策略主要表现在以下两个方面。

1．娱乐精神

商家在营销过程中要充分发挥娱乐精神，用创意思维为用户制造轻松的环境，打造具有娱乐精神的营销活动。

2．制造好玩的事件

商家还需要注意的是，在内容上不要以严肃乏味的说教形式进行营销，而要制造好玩的事件，让用户狂欢起来。

1.3.4 病毒式激发与扩散

病毒式传播是由受众自发产生的一种发散式、激荡式和扩散式的传播方式，这种传播思维从本质上说，就是一种病毒式营销思维。这种思维方式有利于扩大营销辐射面和影响力，进而提高企业或商家的知名度和美誉度。下面作者为大家提供一些病毒式营销的建议。

（1）长篇文章更容易被分享，转发量也更大，应多发表一些篇幅较长、质量较高的文章。

（2）商家可以利用激动等情绪进行病毒式营销，当然这种手段要适可而止，以免做得过火而威胁到自身的品牌，败坏商品口碑。比如，某手机厂商利用爱国主义情怀让用户产生激动的情绪，从而完成产品营销，如图1-10所示。

图1-10　某手机厂商的营销文案

（3）对于商家来说，充满感情的内容更容易实现病毒式传播，这不仅可以让受众产生共鸣以获得情感体验，同时也是一种不错的营销方式。

1.4 营销操作：如何进行网络营销

在移动互联网时代，网络营销成为一种新的营销方式，它能为商家或企业带来巨大的利益，这种利益包括直接经济受益和无形影响力。在进行营销推广前，商家或企业首先需要对其推广的内容进行定位，分析自己的用户到底喜欢哪种营销内容。

1.4.1 明确关键点

在进行网络营销定位前，商家先要明确与定位相关的几个关键点，分别是营销类型和运用方向，如图 1-11 所示。

除了要明确自己营销的类型和方向外，还有一个关键点，那就是要明确目的，就是需要清楚自己通过营销能够得到什么，因为只有清楚自己想要得到的，才能够有选择的依据和方向。

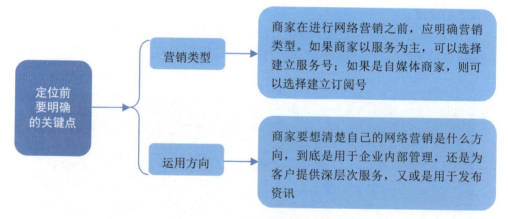

图 1-11 定位前要明确的关键点

1.4.2 做好用户定位

虽然人们的日常生活和信息获取都离不开网络营销，但如何做好网络营销却是一大难点，我们依然能够发现，有很多商家没有掌握相关技巧。

在作者看来，商家想要做好网络营销，首先要做的就是要确立一个清晰的定位，包括用户定位、服务定位和平台定位。然后，商家根据自己的定位确定营销内容和品牌形象。下面首先对网络营销的用户定位进行介绍。

商家在网络营销过程中，用户定位是至关重要的一环。只有了解了用户群体，商家才能根据他们的需求，制造出相应的内容，达到最好的营销效果。商家进行用户群体定位要做两件事。

（1）了解自己的目标群体是谁。

（2）了解这些目标群体的主要特征。

如果商家能够摸透这两件事，那么对后面的产品定位和平台定位都是大有好处的。通常，商家对目标群体特征的分析，主要从两方面入手，如图1-12所示。

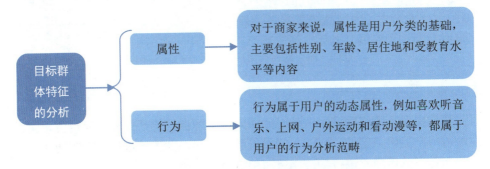

图1-12 对目标群体特征分析要从两方面入手

商家还需要对目标用户进行简单的群体特征分析，主要可以从以下几个特性着手，如图1-13所示。

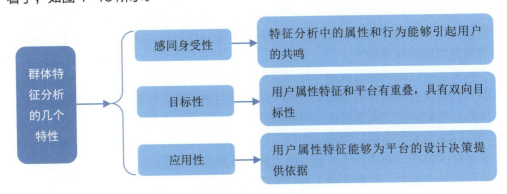

图1-13 群体特征分析的几个特性

介绍完目标群体特征分析的内容，下面介绍目标用户定位的流程。通常来说，商家对目标用户的定位需要经过三个步骤，如图1-14所示。

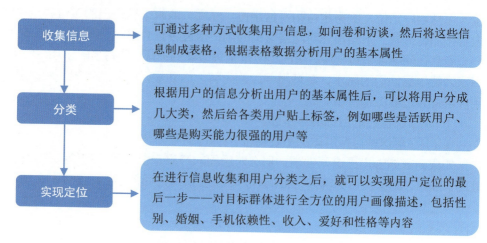

图1-14 对目标用户定位经过的三个步骤

1.4.3 做好服务定位

要想投身到网络营销中，就必须深入地了解自己的产业和产品特色，有针对性地进行产品服务定位。比如，如果是手机厂商，就应该根据手机的功能，锁住不同年龄层的用户，进行精准化营销和宣传。

除了从竞争对手角度出发之外，商家还要从目标用户角度思考，推出差异化服务。如果商家的差异化服务不是用户所需要的，那么即使公司推出了相关服务，用户不接受也就没有任何意义。

在互联网时代和自媒体平台众多的情况下，商家要想抢占网络营销高地，在众多账号和自媒体人中脱颖而出，就必须打造出独具特色的网络营销账号，那么商家该怎样去打造呢？

商家可以给网络营销账号和产品进行差异化定位。在进行差异化定位之前，商家首先需要对竞争对手有一定的了解，然后分析自己与竞争对手之间的差异和优势，最终分析出属于自己的特色服务。

以大众熟悉的某品牌手机为例，它和其他手机品牌的"广撒网"方针不同，该品牌手机巧妙地避开了竞争劣势，精准地定位了自己的用户群体——将目标瞄准到年轻人身上，把握年轻人的心理特征，然后打造出了产品服务特色。

图1-15所示为该手机制造公司的微信公众号。用户可以通过微信公众号进入商城，从而制造出了一个完整的网络营销链条。该商城里有新款手机、电视、笔记本电脑和压力电饭煲等产品，这些产品非常受用户欢迎。

图 1-15　某公司的微信公众号服务和商城

1.4.4　做好内容定位

互联网作为一种新的信息传播媒介，它对内容定位的要求是很严格的——不仅要包罗万象，还要能够通过多种信息载体和多种媒体形式来传达。

在网络上，商家展示内容的方式包括文本、图片和视频等。然而，很多商家不知道如何对内容进行定位，也不知道什么样的内容才能吸引人。下面来介绍网络营销的内容定位方式。

商家想要做好网络营销的内容定位，首先要选择内容表现形式。商家只用文本、图片和视频等方式展示内容是完全不够的，如果想要通过更独特的方式展示内容，就要对展示平台有一定的了解。例如，有的商家就通过有趣的 HTML5 等方式来展示内容，还有的商家通过语音方式，每天推送一段带有关键信息的语音内容。

1.4.5　获取更多素材

商家除了可以从相关网站上获取素材外，还应该注意从多个渠道获取内容。也就是说，商家在策划营销内容之前，需要先弄清楚来源。具体来说，商家可以从以下三个渠道来收集素材，如图 1-16 所示。

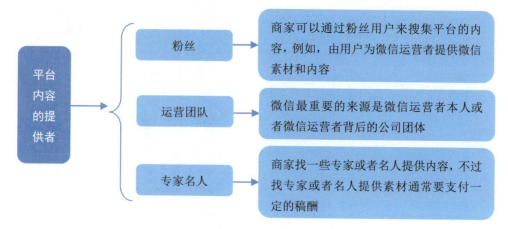

图 1-16 收集素材的渠道

很多商家认为在自媒体上进行网络营销，就是建个账号、发点新闻或搞笑段子而已。其实这种自媒体营销是没有什么价值的，用户的关注度也不会太高。

那么什么样的营销内容比较容易吸引用户呢？当然是那些能够满足用户需求的营销内容更加吸引人。因此，商家必须满足用户需求，才能让自己的网络营销达到预想的效果。那么，商家收集平台内容一般有哪些方法呢？在此总结了五个要点，具体介绍如下。

1．用户反映出来的有关感受

很多用户会通过微信和 QQ 等社交平台表达他们的不满，同样地，也有很多用户通过这些平台表达一些溢美之词。商家千万不能忽视这个环节，完全可以大加利用。

2．用户行为体现出来的需求

商家要了解用户需求，这样才能解决用户问题。要清楚用户在说什么，要留意用户搜索什么产品。并把用户关注的这些问题分类整理，然后针对这些问题设计相关的营销内容。

3．与产品有关的知识性信息

通常，一段干巴巴的产品介绍和说明是无法吸引用户目光的，他们喜欢带有知识性的信息。以酒业为例，商家如果要推销酒，不能只介绍酒的成分、酒精度和口感等。这些固然重要，但是用户更喜欢了解关于酿酒方面的知识——或是此酒的悠久历史，或是品酒的小技巧，又或是酒的储存方法等。不少商家就熟练掌握了这一方法,在网络营销平台上大获成功。

4. 带给人优待感的优惠信息

很多用户都是冲着折扣信息去关注品牌信息的,但商家把促销信息一窝蜂地发布出来,并不会起到显著的宣传效果。对于用户来说,这种内容就像街头路边散发的小广告,他们并不会过多关注,甚至会感到厌恶。

商家应该避免这种误区,设计一些专门为平台会员打造的优惠活动,让他们感到一种不同于他人的优待感。这样,粉丝才会有一种被重视的感觉,对该商家的产品也会越来越依赖和喜欢。

5. 搬运用户喜欢的资源

商家要善于运用资源,借助他人的精华,来增加营销素材的来源。因此,商家可以从网上摘录一些经典的文章,在自己的自媒体平台上分享;或者收集一些热门段子,以此迎合用户的喜好。但是,商家在搬运这些文章或段子时,一定要合法。

1.5 营销要点:网络营销的基本原则

网络营销不设门槛不设界限,只要有想法,都可以进来凑个热闹,但也正是因为这个原因,各个平台上鱼龙混杂、良莠不齐,真正精通网络营销的人并不多。商家在进行网络营销时,是需要把握好几个原则的,业内人士称之为网络营销的黄金准则,本节将向读者介绍网络营销的黄金准则。

1.5.1 正能量原则

在新闻界有一句话:"人的内心都有点求异,喜欢猎奇,越是耸人听闻的内容越是能引起人的兴趣。"作为信息发布的媒介,自媒体消息和新闻消息在这一点上是一致的。

尽管新闻消息能够迅速引爆舆论,但一味地危言耸听,并不是长期发展的方法。从中国人的心理和性格来分析,类似于心灵鸡汤的内容可能会更受欢迎。从一定程度上来说,舆论报道应该冷静地分析和解决问题。

不论是媒体,还是整个营销行业,大家坚信的一点是光明永远多于阴暗面,正能量永远多于负能量。只专注轰动性新闻的自媒体,尽管会有辉煌时期,但最终是难以长久的。

在作者看来,网络营销的黄金准则之一就是做正能量的媒体,做冷静、客观和有智慧的媒体。

1.5.2 讨粉丝喜欢原则

总有人告诉你要多说好话，做一个嘴乖讨喜的人，这话在职场中，尤其在服务型职场中格外适用。网络营销也可以算是服务型职业，粉丝就是顾客，就像在淘宝上购物一样，客服的态度能让顾客给商品加分。同样地，粉丝欣赏你的文章就会想认识你，如果你能够表现得讨喜一些，普通粉丝升级为铁杆粉的概率就很大。做一个讨喜的商家有三大要点要明白，分别是礼貌待人、耐心待人和热情待人。

商家必须要时刻谨记，粉丝即顾客，粉丝需要商家认可他们的存在，粉丝和商家之间的感情是互相增长的，你敬我一分，我敬你三尺。尤其是刚起步的商家，更没有资格耍大牌，或对粉丝爱答不理。下面以图解的形式介绍礼貌、耐心和热情的重要性，如图1-17所示。

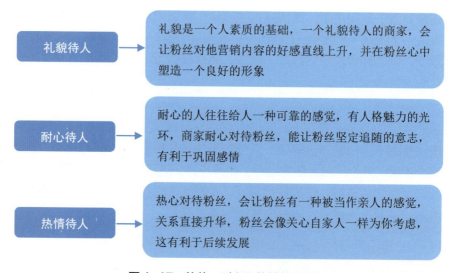

图 1-17　礼貌、耐心和热情的重要性

1.5.3 乐于分享原则

在现实中，我们总乐意和那些喜欢分享的人做朋友，并不是因为贪图那一点小便宜，而是因为乐于分享的人总会让人觉得特别亲切和友爱，让人不自觉地就会选择去接近和相信他。网络营销也是一样，商家是一个乐于分享的人，粉丝们会更愿意接近和支持，这也是网络营销的黄金准则之一。

乐于分享对于商家的好处主要有三个方面，如下所示。

（1）有亲和力：让人愿意靠近，并且选择你的商品。

（2）有真诚感：让人愿意信任你的账号。

（3）有善良感：让人愿意与你交往，并且支持你的账号。

在现实生活中，有些人可能乐于分享，但在做网络营销时，生活中养成的分享习惯是不足以吸引粉丝的，商家还需要掌握一些技巧，这里告诉大家一些能让粉丝们感到舒服的分享技巧，如图1-18所示。

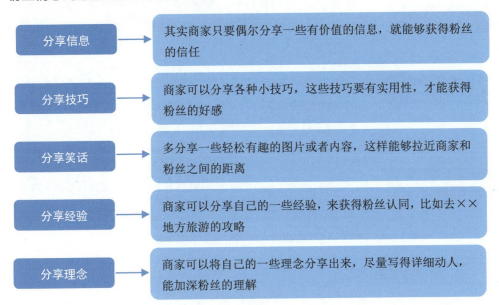

图1-18 让粉丝感到舒服的几个分享技巧

1.5.4 严格细致原则

网络也是一个浮躁之处，某些用户会把网络当作一个收集负面情绪的垃圾站和心理阴暗面的发泄场，因此在网络上经常充斥着各种抱怨和怒骂等不和谐的信息。商家的一言一行都具有公众性和影响性，需要格外严格细致，并主动维护网络和谐。

1. 对自己发布的内容负责

对于网络言论的管制，我国在2013年的时候就已将"网络造谣"一项立法处理，网络谣言转载超过五百次按诽谤罪论处。对于商家来说，严格细致就是对自己所发布内容的每一个字负责。商家对发布的内容应做到以下四个要点，如图1-19所示。

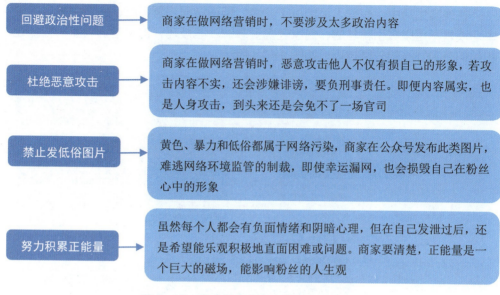

图1-19 商家发布内容应做到的四个要点

2．需要注意的事项

若把网络比作江湖，平台就是漂泊在江湖上的一叶扁舟，江湖多风波，摆渡的商家除了要有"小心驶得万年船"的严谨态度，还要有规避风险的意识。商家应关注以下三个注意事项。

（1）需要了解网络营销的相关法律法规，避免言行失当、惹祸上身，一旦惹了祸就会前功尽弃，前途尽毁。

（2）需要管理好自己的情绪，避免被人认为素质低下，因为形象一旦损毁，是难以挽回的。

（3）重视自己的信誉，避免产生名誉上的污点，不然很容易失去粉丝的信任。

第 2 章
微信营销：打造全覆盖的营销平台

> **学前提示**
>
> 当下，微信营销已成为网络营销的重要组成部分，它突破了传统营销的渠道限制，很多传统企业通过它成功转型，也有很多互联网企业借助它取得巨大成功。在本章中，将为商家介绍微信营销的相关内容，帮助商家夺下这个数亿级用户的营销宝地。

2.1 微信号营销：重要的营销入口

微信作为一款社交软件，不仅能为人们提供各种社交服务，还是网络营销的一部分。本节就针对个人微信的重要营销入口进行详细解说。

2.1.1 账号易记易传播，才好推广

微信号是我们在微信上的"身份证号码"，具有唯一性，从网络营销角度来说，它一定要满足易记易传播的特点，这样更有利于品牌宣传和推广。

微信号字母不宜过多，不然在报微信号时，容易给用户造成困扰与疑惑。此外，微信号中最好可以包含手机号和QQ号之类的数字号码，除了方便好记外，也方便用户联系。

需要注意的是，微信号应该以英文字母作为开头，不能以数字作为开头。接下来为大家介绍四种微信号的设置方式：①姓名缩写＋手机号码。②姓名缩写+QQ号码。③英文名＋手机号码。④英文名+QQ号码。

如果商家有大量客户，并且同时有多个微信号进行维护，则可以采取企业名称缩写加序列号的方式来区别，比如flwh001、flwh002等。图2-1所示为某商家的个人微信号，它便是以"姓名缩写＋手机号码"来设置的。

图2-1 某商家的个人微信号

2.1.2 主题照片，更大的展示舞台

从位置展示的出场顺序看，头像可以说是微信的第一广告位，但从效果展示

的充分度而言，主题图片的广告位价值更大——大在尺寸，可以放大图片内容，更充分全面地展示商家的个性、特色和产品等。

下面给大家展示主题照片做得比较好的案例，如图 2-2 所示。我们可以看出，这些商家都把主题照片当成了绝佳的网络营销入口。

图 2-2　制作精美的主题照片

微信的这种主题照片，尺寸比例为 480mm×300mm 左右，因此商家可以通过"图片+文字"的方式，尽可能地将自己的产品、特色和成就等充分地展示出来。

专家提醒

商家可以自己用 Photoshop 等制图软件制作主题照片，也可以去淘宝网搜索与"微信朋友圈封面"相关的店铺，请专门做广告图的淘宝卖家为商家量身定制主题照片。

2.1.3　个性签名，留下绝佳印象

个性签名是向对方展示自己的性格、能力和实力等最直接的方式，所以为了一开始就给用户留下一个好印象，商家应该重点思考如何写好个性签名。一般来说，用户个性签名的设置大概有以下三种风格，如图 2-3 所示。

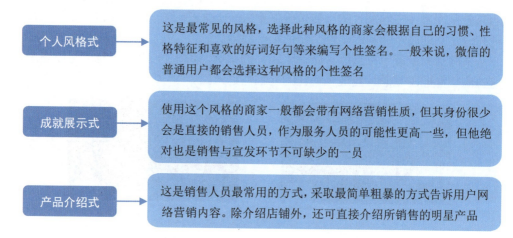

图 2-3 不同用户个性签名设置的三种风格

2.1.4 标签分组，大大提高效率

商家在进行网络营销时，会遇见很多不同的用户，他们的需求、性格和消费水平等都各有不同。每一种客户都有适合他们的营销模式，所以为了方便推荐产品，商家应该将这些好友分门别类，为自己的网络营销提供便利。微信好友分组管理有很多不同的模式，如图 2-4 所示。

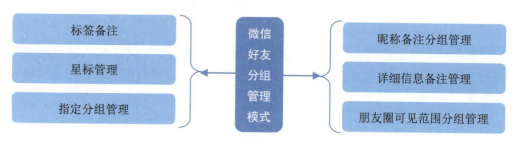

图 2-4 微信好友分组管理模式

给用户设置标签分组有什么好处？具体说明如下。

（1）可以方便我们整理客户信息。根据购买力、兴趣爱好和购买内容等进行分类后，商家便可以对症下药，提高网络营销效率。

（2）在网络营销中，商家也可以针对某些内容屏蔽一些人。比如，商家和某些新用户还处于发展友好关系的阶段，新用户不太愿意看到太多广告，商家便可以屏蔽他们，以免让他们感到厌烦。

2.1.5 转载链接，公众号+头条号+H5

在个人微信平台上，好友间互相发送的信息和朋友圈都是植入广告的绝佳位置，且植入的方式可以多种多样。因此，利用微信进行营销和运营的企业和商家，应该了解与总结这些信息内容，然后选择合适的广告方式，这有利于品牌未来的发展与定位。在此，以微信朋友圈为例，具体介绍以转载链接的形式植入广告的方法。

平时在刷朋友圈时，除了个人编辑的内容以外，商家们还能看见许多被分享至朋友圈的链接，一般来说，公众号、头条号和H5页面分享的内容是最多的。

图2-5所示为分享到朋友圈的微信公众号、头条号和H5转载链接介绍。

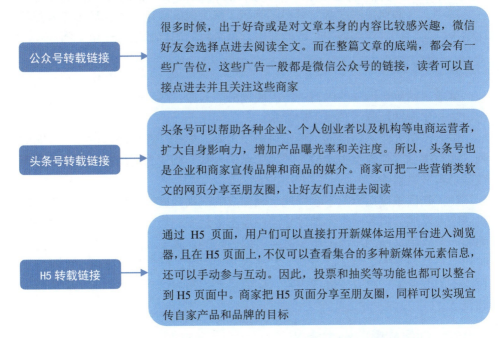

图2-5 分享到朋友圈的微信公众号、头条号和H5转载链接介绍

2.2 公众号营销：展示强大的吸引力

随着移动互联网的普及，信息和知识的更新速度前所未有地快，人们的注意力很快便会被吸引开。因此，对商家来说，公众号营销不容懈怠。

2.2.1 推给用户想要的内容

用户发送的消息是了解用户及其需求的重要入口，因此商家需要对微信公众平台后台提供的消息数据与菜单数据进行分析，在了解用户需求的基础上，找到更准确的网络营销方向。

1．消息数据

在消息分析功能中包括"小时报""日报""周报"和"月报"功能。相较于其他功能，"月报"功能更能呈现出消息数据的相关长期信息。"月报"主要用于判断微信用户是否具备长期的积极性，其主要数据包括"关键指标详解""消息发送次数分布图"和"详细数据"这三大内容。

在微信公众平台后台，商家除了可以查看"消息发送人数"的趋势图外，还可以切换到"消息发送次数"和"人均发送次数"选项，查看相应的指标趋势图。

其中，"消息发送次数"分布图表明了某个时间段用户发送消息的人数和占比情况，同时在"详细数据"数据表中，每个月的消息数据也一目了然。

2．菜单数据

菜单是对平台推送的内容进行模块划分的入口，了解用户对各菜单的点击量，可以进一步帮助运营者洞悉用户需求。

进入微信公众号后台的"菜单分析"页面，根据"昨日关键指标"分布的三列，即可得到"菜单点击次数""菜单点击人数"和"人均点击次数"展示菜单数据及其发展趋势。

在"昨日关键指标"下会呈现上面提及的三项数据的每日数据，商家可以非常清晰地掌握究竟哪一个菜单才是用户点击量最多、最受用户喜欢的和需要的，而哪一个菜单又是用户点击量少甚至可以忽略的。基于此，商家可以在推送内容时对点击量较多的菜单加以倾斜，推送更多的内容，而那些点击量少的甚至是没有点击量的菜单，可以少推送内容，抑或是干脆删除这一菜单，对菜单重新进行调整。

2.2.2　创作优质营销内容

在文章写作和布局过程中，商家要想让营销内容能够"决胜千里之外"，吸引众多的用户，就需要掌握一些表现技巧。接下来将为大家介绍一些创作优质营销内容的表现技巧。

1．塑造独特的表达风格

合适的表达风格，能给用户带来优质的阅读体验。以传播搞笑内容为主的公众号为例，那么它的正文的语言风格就必须要诙谐幽默，并要配上一些具有搞笑效果的图片。

另外，从文章的感召力方面而言，基于同类人之间的人格感召力，打造独特的个性风格，无疑是吸引具有相同性格特征的人的重要力量。比如，对生活充满自信和希望的人，总是乐于与乐观的人相处，而不喜欢与时刻伤春悲秋和怯懦的人交谈。

2．营造文章的场景

商家在创作网络营销内容时，并不只是用文字堆砌成一篇文章就完事了，而是需要用平平淡淡的文字拼凑成一篇带有画面的文章，让读者能边读文字，边想象出一个与产品相关的场景。

3．打造代表性专题

人们在阅读时，总是趋向于寻找同一类型或主题的文章，力图全方面了解和熟悉有关该类型和主题的知识。因此，在网络营销内容写作上，商家可从这方面着手，打造一些具有代表性的专题，迎合读者的阅读兴趣和习惯。

4．借热点提升人气

商家要有灵敏的感官，才能抓住最新热点，成为凭热点而获利的幸运儿。商家可以多找一些热门词，不过一定要抓住时机，不要等热点冷却后再发布出营销文章，因为不会有几个人愿意阅读过时的信息。

因此，商家在利用热门或头条事件编辑网络营销内容时，应该从以下三个方面着手。

（1）寻找合适的热点撰写网络营销内容。

（2）紧跟新闻事件，获得访问量。

（3）保持新闻敏感性，富有创意。

5．提供有价值的内容

微信公众号平台之所以受到读者的关注，就是因为从该平台上可以获取他想要的信息，这些信息必须是具有价值的干货内容，而人云亦云、胡乱编写的营销内容带给读者的只能是厌烦情绪。

因此，在公众号内容运营中，商家一定要保证推送的是有价值的干货，用户能够学到一些具有实用性和技巧性的生活常识或操作技巧，从而帮助他们解决一些难题。

这决定了商家在运营方面应该是专业的，其网络营销内容也应该是能够接地气的，能给用户带来实实在在的经验积累。

2.2.3 提高文章品质的秘技

在微信公众号平台上，商家如果要发布网络营销内容，就需要对文章栏目和内容进行排版优化，以有利于读者阅读和接受。

1. 设置分类栏目

在作者看来，商家了解一些栏目设置的要求是非常有必要的。在微信平台上，商家设置分类栏目时要考虑怎样才能清楚、全面地呈现内容。

所谓"清楚"，即要确保读者在看到栏目名称时，就可分辨出该栏目的营销内容是什么，所要寻找的内容在哪一个栏目中。

以"手机摄影构图大全"微信公众号为例，在该公众号的栏目设置中，读者如果想要查看直播教程，就可以点击"微课教程"主栏目，然后再查看"京东直播"或者"千聊微课"直播形式构图技巧讲解，如图2-6所示。

图 2-6　"手机摄影构图大全"公众平台查找"直播教程"内容

同时，商家在设置微信公众平台的自定义菜单栏的版式时，还要注意全面性。所谓"全面"，即栏目的分类和取名要全面，既要保证网络营销内容全面呈现，在栏目的分类中可以全部找到，又要保证其栏目名称的设置具有概括性和全面性，不能让其中某些内容无法实现有序查找。

2. 排版有利于读者浏览

商家在设置栏目时，从网络营销效果上来说，排版样式必须吻合视觉习惯，而从实际操作上来说，设置栏目的重点在于方便读者浏览。这主要表现在三个方面，具体分析如下。

1）简洁性

平台界面的简洁性是方便用户查看这一要求的基本特征。在微信公众号平台上，平台的栏目设置是非常简单的，一般的自定义菜单栏由三个栏目组成。如果在主栏目下还有其他分类内容，为了界面的简洁，其子栏目一般都进行了隐藏设置，用户只要点击主栏目即可弹出子栏目。

2）人性化

具有人性化特征的栏目设置主要体现在用户可以根据自己的习惯和兴趣设置令自己满意的界面。

3）有序性

在微信公众号和小程序上，无论是主栏目还是子栏目，都是按照一定的顺序进行排列的，而不是杂乱无章地呈现出来的。图 2-7 所示为"手机摄影构图大全"小程序的界面设置。

图 2-7　"手机摄影构图大全"小程序的界面设置

可以看出，该小程序整个界面设置得井然有序，用户浏览起来十分方便，一眼就能找到他们自己想要的东西。

2.2.4　用交流来激活用户

对于从事网络营销的商家来说，最有价值的莫过于流量了，流量成为衡量网络营销价值的一项重要指标，这个指标并不单指注册用户人数或者会员用户人数，更多的是指活跃用户数量。

何为活跃用户？对于网络平台来说，就是指频繁使用平台的用户；对于自媒体来说，就是经常会查看推送的信息并乐于互动的关注者。微信带有很强的社交属性，因此商家可以比较轻松地在微信中与用户进行社交互动，并以此来激发他们的活跃度，达成网络营销的目的。

商家与用户的社交互动的基础形式就是文字沟通了，下面就为大家介绍一些运营公众号时与用户进行文字沟通的技巧。

1．后台消息自动回复

在微信公众平台中，"自动回复"功能是一个非常好用的营销功能，商家应该好好利用起来。通常，自动回复功能有三种模式：分别是被关注回复、收到消息回复和关键词回复。

2．后台关键词自动回复

对于任何一个想要做好微信公众号运营的商家来说，设置关键词回复都是必不可少的环节。关键词回复的作用是当用户输入关键词时，就会触发自动回复功能，让用户能够及时了解网络营销信息。

关键词回复的开发空间超乎商家的预计，通过自定义关键词回复接口，用户可以输入关键词，查看最新的营销活动。

除此之外，很多用户通过自定义回复功能和微信公众号互动功能，提出了大量宝贵的意见，有的商家甚至可以在微信内生成微信贺卡，更有部分商家已经实现了微信导航。

3．后台回复消息宣传推广

其实很多商家都没意识到后台消息回复也可以成为一种网络营销手段。比如，某些精明的商家做微信公众号，他的目的是在网络上进行营销，从而实现盈利。如果商家想利用后台消息回复来做网络营销，那么后台消息回复的内容需要注意下列问题。

（1）不宜过长：后台回复的消息不宜太长，最好言简意赅，太长的话，用户可能会看不下去，不管运营者是要宣传，还是要做网络营销，首先都应该从用户角度出发去看待问题。

（2）不宜过短：后台回复消息也不能太短，因为是要为产品做网络营销，消息太短可能就无法很好地向用户讲清楚产品的具体功能。

（3）富有新意：后台消息最好富有新意，不要一股脑地把关于产品的信息都吐露出来，并且要求用户必须关注自己的公众号，这样会让用户感到厌烦，无法达到网络营销的效果。

4．回复网友文章评论留言

文章有人看，自然也会有人评论留言，而且每个人思考问题的角度都不一样，对于同一问题的看法和立场也不尽相同。商家要回复这些有自己的看法和立场的网友文章留言，其实回复留言的过程也就是与网友互动交流的过程。

虽然回复留言比不上彻夜长谈那种详细交流，但是留言的用户对微信公众号和网络营销都是很感兴趣的，并且有的时候他们还能提出一些有建设性的意见，所以这些交流也很重要。

2.3 朋友圈营销：呈现精彩营销内容

在移动互联网环境下，微信进入了商家的视野，营销走进了朋友圈这一信任圈层，并不断地通过各种渠道拓展目标好友，引导人流，完成网络营销目标。本节主要介绍商家利用朋友圈进行网络营销的技巧。

2.3.1 朋友圈是网络营销的战场

微信已成为商家、网红和自明星的网络营销平台，朋友圈俨然已成为网络营销的绝佳阵地。那么，是什么吸引他们加入网络营销行业的呢？下面我们进行具体介绍。

1. 成本低、利润高

商家网上创业成本很低，与实体门店相比，他们不需要租赁门店，不需要装修店铺，不需要大量进货，不需要支付租金，也不需要人力成本等。凭借这些条件，他们可以节省上万元甚至几十万元的创业起步资金。因此，商家网上创业门槛低，风险小，投入的成本少，利润和收入高，所以网络营销很受创业者青睐。

2. 赚钱快、新趋势

有时候，网络营销一个月的营业额是线下营销的 3~4 倍。在当今互联网时代，只要产品质量够好、性价比够高以及售后服务好，商家就很容易打造爆款。图 2-8 所示为朋友圈做网络营销的案例。

总而言之，互联网创业靠的是网络营销，其中又以产品评论为关键。图 2-9 所示为某微店上架的水果产品，网友评论风向偏好，因而创造了好的口碑。

3. 不需要坐班，自由度高

网络营销并不需要全职，你可以有一份全职的其他事业或工作，只把网络营销当兼职，每天在朋友圈发发产品动态、管理订单即可。纯粹做网络营销的商家也不需要坐班，有事时与顾客沟通产品，做做宣传；没事时可以出去散散步，带带小孩，陪陪家人或朋友。时间上自由度非常高，基本上是移动办公。

图 2-8　朋友圈做网络营销的案例

图 2-9　某微店上架的水果产品

4. 可以轻松创建微商团队

传统的购物方式是通过实体店与顾客一对一地交流,而网络营销可以通过朋友圈等渠道,轻松实现一对多的交流,省时省力,效率极高。而且,通过移动互联网平台,只要商家的货源性价比高、利润大,很多闲在家里的宝妈们就会出来做代理，几万、几十万甚至几百万人通过互联网帮你卖产品，这样的出货量是非常大的，可以很轻松地组织起庞大的创业团队，创建自己的品牌。此外，与实体公司相比，网络营销团队的管理相对更轻松、更高效、更省力。

2.3.2 地址信息，朋友圈中第二广告位

朋友圈有一个特别功能叫作"所在位置"，商家可以利用这个功能定位自己的地理位置。更特别的是，商家可以通过这个功能，给网络营销带来更多的突破点，如果利用得当，甚至可以说是给朋友圈营销又免费开了一个广告位。

图 2-10 所示为两条朋友圈动态，这两条朋友圈动态利用的就是"所在位置"这一功能，这两位商家将所在地址和广告信息结合起来，向朋友圈好友介绍自己正在经营的品牌或业务等。

图 2-10 利用朋友圈"所在位置"功能进行网络营销

专家提醒

一个真正成功的商家，应该能够合理利用每一个细节来进行网络营销，比如设置"所在位置"这个小细节的难度并不高，仅仅是利用微信中自定义位置的功能，就能够成功地将产品或品牌营销出去。

2.3.3 自我评论，让营销信息全部显示

商家在发朋友圈进行网络营销时，如果广告文本超过 140 个字，则文字可能会被折叠起来。如果用户不进入原文里仔细阅读，那么商家的营销就是白忙一场。所以，商家应该想一个办法，让自己所写的内容能够完整地显示出来。

商家可以将文本的重要信息节选出来，直接放在评论里——下方的动态评论是不会被隐藏的。当然，有一些商家嫌提炼重点太麻烦，会直接将文本复制至评论区。评论区显示营销信息的效果如图 2-11 所示。

在图 2-11 所示的两张图中，这两位商家都发了一条关于产品业务类的朋友圈动态。如果里面字数太多，营销信息并没有显示完整，而用户又不展开全文来阅读的话，用户是难以阅读到关键营销信息的。随后，商家自己也意识到可能存在这个问题，于是将一开始写好的文本复制在评论区中，做到有备无患。

图 2-11 评论区复制营销信息的效果

专家提醒

除了原来的文本信息，如果商家在营销信息之后还有需补充的内容，也可以直接写在评论区。这样，点赞或评论过那条朋友圈动态的人都能看到补充的内容。

2.3.4 巧妙晒单，激发客户心动的手段

商家利用公众号、朋友圈、微信群或者微博进行网络营销时，除了发布相关

的产品营销软文以外,还需要配上产品的图片和基本信息,为了让顾客信任,也可以晒一些成功的交易单或者好的评论,但是有两个问题在晒单过程中值得我们注意,那就是适度和真实,下面进行具体阐述。

1. 产品营销广告要适度

商家的晒单次数必须适度,因为不管在哪个营销平台,刷屏是人们十分抗拒的,所以万万不能犯这一营销大忌。对于商家来说,适度晒单其实是非常有必要的,无论谁看到那么高的成交量,都会对商品本身产生心动和行动。

2. 产品的信息真实可靠

商家必须以诚信为本,在单据上显示真实信息,并将它们展现给好友看,否则会让好友觉得这个商家不真实,从而产生排斥的情绪。下面以微信朋友圈的发货广告为例,该商家以图文并茂的方式进行食品营销推广,如图 2-12 所示,这样就能吸引一部分消费者前来下单。

图 2-12 朋友圈的晒单动态

从网络营销角度来说,商家适度地晒一些交易单和发货流程之类的营销信息,可以大大地刺激消费,增强买家对微商的信任感,还可以吸引其他用户的好奇心,对产品产生兴趣。

关于晒单还有一个小妙招,在一张照片中,商家可以放上几个快递单,并且将它们叠加起来再拍照。此时,商家应该尽量将照片凑成九张,并且强调,这是一天或者两天里发出的产品,这样就会让用户觉得,这家店的产品真的特别受欢迎，自己也想购买尝试一下。

专家提醒

商家切忌犯频繁刷屏的错误，"微商朋友少"，指的就是这种频繁刷屏的做法，会让消费者很反感，从而减少了用户流量。商家平时无论是晒单，还是晒好评，都需要节制，网络营销广告不要太"硬"，现在的大部分消费者接受不了突如其来的硬性广告。

2.3.5 晒好评：让事实来做营销推广

在进行网络营销时，商家除了需要发布产品的文字与图片以外，为了让顾客更充分地信任自己的产品，还需要把好评拿出来"晒一晒"。一般来说，提到"好评"，我们立马就会想到淘宝，但是对于网络营销行业，也需要好评来助力。商家晒好评的渠道，主要体现在以下两点。

（1）通过朋友圈上传好评照片，晒好评信息。

（2）在各大电商平台晒好评信息。

接下来给大家介绍微商在这两个渠道晒好评的详细内容。

1．在朋友圈中晒好评信息

微信已成为国内较大的社交软件，消费者会通过微信向商家咨询产品信息，有时也会通过微信支付和下单。有些消费者也会在微信中表扬商家的产品，商家可以将这些信息进行截屏，然后将评价晒到各大网络社交平台。图2-13所示为两组微信对话形式的好评，商家可以将这些好评信息通过截图的方式存入手机照片库，然后再发表到各大社交平台。

2．在电商平台中晒好评信息

在微店、淘宝、当当和美团等电商平台上，买家的评价十分重要。如果我们将晒好评比喻成"晒谷子"，那么微信的"晒"是掌握在自己手里的，而电商平台就是大家一起"晒"。电商平台好评对比朋友圈好评，前者影响力大过后者。但缺点是一旦出现差评，一般情况下难以清除，从而会给商家带来巨大的负面影响。那么，商家如何打造良好的评论环境呢？主要有以下四个方法。

（1）在线上的电商平台中，努力打造零差评的评论区。

（2）对于不满意的客户，商家要给予安抚和售后服务。

（3）对于极端客户，想办法不让他在线上支付。

（4）多策划"给好评"优惠福利方案，如好评返现等。

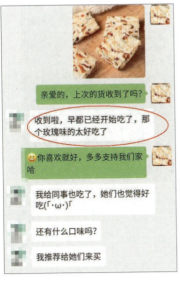

图 2-13　微信对话好评截图

商家可以将电商平台中有关好评信息的图片截取存下来，然后通过图文结合的形式发到朋友圈中。此外，商家还可以在产品详情介绍中附上这些好评信息，让买家更加放心。

2.4　小程序营销：实现微信营销闭环

小程序是一个轻量级的网络营销入口，商家可通过小程序和微信公众号进行联合营销，从而形成一个营销闭环。接下来作者就对小程序营销技巧进行盘点，帮助商家更好地达成网络营销的目的。

2.4.1　打通关联，进行营销互补

微信公众号对小程序来说，其网络营销意义可谓重大，商家不仅能在微信公众号的菜单栏和文章内容中直接嵌入小程序入口，还能让微信公众号关联的小程序出现在其信息介绍中。

以某两个公众号界面为例，其公众号主页上赫然列出了"相关小程序"选项，并且会显示该公众号关联的小程序，如图 2-14 所示。如果用户点击该界面中的小程序图标，便可以直接进入小程序。

由此不难看出，通过信息介绍界面，商家可以直接打通公众号和与之关联的小程序，从而形成营销互补，促使公众号和小程序的流量一同增长。因此，无论是为了公众号，还是为了小程序，将小程序与公众号关联都是很有必要的。

图 2-14　与公众号关联的小程序

2.4.2　借助推广，加强营销能力

小程序应用市场不仅具有一定的流量，更为小程序的网络营销提供了诸多便利。应用市场不仅对小程序进行了测评和推荐，而且还可以通过二维码的放置为小程序提供流量入口。比如，某小程序商店界面便设置了"每日精选"和"最新"等多个板块，如图 2-15 所示。

图 2-15　"小程序商店"界面

另外，许多人都将应用市场作为获得更多小程序的重要途径。正是因为如此，小程序应用市场成了小程序重要的营销入口。

如果商家的小程序能够进入应用市场的相关板块中，并且排在前列，那么用户进入该应用市场之后便可以看到小程序。这样一来，小程序的曝光率无疑可以大大增加，而小程序的营销能力也将获得提高。

2.4.3　O2O 模式，带来更多机会

O2O（Online to Offline，线上到线下）模式就是将线下商业运作的机会与互联网相结合，而互联网成为线下商务交易的营销平台。O2O 模式是未来商务发展的主流趋势之一，与小程序的结合能够带来更多的商业机会。

在 O2O 模式的嵌入中，从内容上完全切合的主要是上门服务类的小程序，用户可通过小程序查看信息并进行预约，再由相关人员进行上门服务。图 2-16 所示为部分小程序推出的上门服务功能界面。

图 2-16　部分小程序推出的上门服务功能界面

除了小程序本身提供的就是上门服务类型的功能之外，商家还可以在小程序中提供 O2O 相关的服务，如与汽车维修相关的上门取车服务就是典型的 O2O 模式。

2.4.4　自我定位，寻找适合业务

商家型小程序的特点在于营销内容需要围绕商家当前的业务进行调整，而内容又由商家选择的领域决定。因此，商家在设计一款小程序时，首先要做的就是

根据业务选择合适的领域，运营主体擅长什么领域就做什么领域的网络营销。

所谓擅长什么领域就做什么领域的网络营销，实际上就是商家在自我定位的基础上，在适合自身情况的领域开展相关的网络营销业务。对于这一点，商家可以从两方面进行考虑，具体如下。

1．业务复制

许多商家在开发小程序平台之前，可能已经在某些领域做出了一定的成绩。对于这部分商家，他们在开发小程序时，只要在设计中将这些老本行作为主要内容进行呈现即可。这一方面，绝大部分商家都做得比较好。比如"爱奇艺""腾讯视频"等，在开发小程序之前便是国内排在前列的视频平台，而当其在小程序中提供视频内容为主要业务时，很快便获得了大量用户。

2．业务延伸

对于商家来说，有时候仅仅是在原有营销业务上进行复制可能还不够。对此，运营者可以在原有营销业务上进行延伸，根据目标用户的需求和自身实际情况，拓展网络营销范围。

这一点"喜马拉雅"便做得很好，作为国内知名的音频平台，在开发小程序之前，"喜马拉雅"的主要盈利模式为对精品内容收费。而开发小程序之后，它顺势推出了"喜马拉雅"小程序。这样一来，"喜马拉雅"的营销范围无疑是得到了拓展。图2-17所示为"喜马拉雅"小程序的相关界面。

图2-17 "喜马拉雅"小程序的相关界面

第 3 章
社群营销：让用户成为商家的朋友

> **学前提示**　社群营销已经成为各商家进行网络营销的重要手段。本章将为大家介绍社群营销的基础知识及商业趋势、加强社群成员间的联系、社群营销成功的关键点，以及掌握社群营销的基本构成及营销步骤相关的内容，帮助各商家构建一个高黏性的粉丝圈。

3.1 基本概念：社群营销知识及趋势

现如今，社群营销已然成为一种极为火爆的营销方法，它的核心就是商家与用户建立起"朋友"之情，不是为了营销而去打广告，而是以朋友的方式去建立感情。接下来，作者将为大家介绍一些社群营销的基础知识，分析社群经济时代的商业趋势。

3.1.1 什么是社群营销

社群营销指的是企业或商家为满足消费者需求，利用微博、微信群聊和社区等渠道，推销自己产品或服务而产生的一种商业形态，如图3-1所示。它的主要特点是社群成员都基于相同或相似的兴趣爱好。随着互联网的崛起，社群营销已成为各大企业和商家的营销趋势。

图3-1 社群营销商业形态

3.1.2 "粉丝+社群"模式

对于社群来说，粉丝是一种情感纽带的维系，粉丝的消费行为也是在对品牌产生感情的基础上产生的。其中，最为典型的就是某手机品牌的粉丝，只要该手机品牌推出新产品，市场几乎都出现了疯抢现象，甚至有些粉丝在专卖店外苦等，只为抢到自己心仪的品牌产品，这就是粉丝效应。同理，社群也是基于粉丝才能运营起来的。

商家在营销的过程中，将消费者变成粉丝，或者将粉丝变成消费者，都是扩大品牌影响力的重要方式。就上述所言的手机品牌来说，该手机品牌创始人的粉丝也是该品牌手机的粉丝来源。因此,这是一种不再按照产品去定义用户的新商业规则,这也是社群时代必须掌握的规则之一。商家在掌握了这种规则之后,才能够更好地制订营销计划。

专家提醒

在社群营销里,粉丝是社群的基础。因此,企业或商家拥有大量的粉丝是展开社群营销的前提。在商家对粉丝进行社群营销的过程中,粉丝也会慢慢地发生转变,甚至成为产品的"生产者"。

3.1.3 用户创造等于商家制造

在工业时代,商家一般以制造产品为主,在整个商业模式中,商家是核心力量。但是,在现如今的互联网时代,消费者也可以参与到产品"制造"中来,即商家听取消费者的一些意见,制造出更符合消费者需求的产品。可以说,如今整个时代已经进入了一个"用户创造等于企业制造"的时代。

在这个社群时代,企业或商家一般会让用户来提供对产品的需求,并结合用户的这些需求来打造全新的产品。除此之外,他们还会邀请用户参与到解决消费需求的工作中来,并为消费者设立"吐槽社群"和"创新社群"。企业通过这两个区域的言论,可以从中吸收精华,并且将其放到产品的设计中,制造出更符合消费者需求的产品。

例如,某汽车品牌利用互联网打造过一个全新的互动社区,用户可以在这个平台上通过自己的灵感对汽车进行设计,参与竞赛活动,进行投票评选,实现知识的分享以及互动交流。

该汽车品牌以社群的方式,提供人与人之间、用户与商家之间、消费者与产品之间的交流平台,以汽车为出发点,聚集人群进行沟通,给予商家一个更为生动、直接的创新渠道。

3.1.4 "社群+情景"等同触发

如今,互联网已经深入人们的生活,而不少商家看中了互联网这块大"肥肉",纷纷都向互联网进军,从而出现了很多类似的产品,于是消费者需要精挑细选,才会决定购买产品。

对于消费者来说,选择的机会多了,往往都会选择那些口碑好、能触发他们情感的产品,所以商家就要抓住消费者的消费习惯,触发消费者的情景需要,促使他们购买产品。

简单地说，情景营销指的是商家抓住了消费者在日常生活中的某个"相似的瞬间"来做推广，这样更容易使得消费者接受相同的宣传，而不会受到年龄、性别和收入等因素的影响。

当社群营销与情景相融时，已经没有了"广告"的存在，而是让社群成员直接感受到产品的存在，以满足他们的需求；社群里推送的消息是为了解决他们的问题，是便利生活的需要。

所以，在"社群＋情景"的融合下，商家可以推出精选的、有创意的、能触发消费者情感的产品。其中，"社群＋情景"的本质是为解决用户场景需求，触发社群成员的情感，回归到商业本质。

社群营销触发社群成员的情景需求，能实现物品与人之间的快速连接，从而促使整个购买行为的形成。也可以这么认为："一个情景就是一个产品，一个产品就是一个社群。"

在情景时代，运营产品就是运营社群，而在社群时代，情景就是触发社群成员情感的阀门，不管重点运用哪种营销方式，社群与情景都是不可分割的一体。商家将社群和情景糅合在一起，一定能触发社群用户的情感，得到精准性。"社群＋场景"模式的运营，必须抓住以下三个要素。

（1）媒体性：商家要在媒体平台发布具有优质内容的信息，提升用户黏性，并利用创新的内容和独特的调性来打造全新的社群情景。

（2）社交性：社群以群体和层次进行划分，进一步明确双方的关联，以此来构建一个社群生态，这样才能构建一个适合社群成员的情景模式。

（3）产品性：情景即产品，此产品是指让社群落地的实物或移动互联网产品。这样的产品，是社群的媒体性和社交性的体现。

其中情景产品可包括实物产品、移动 App、微信公众号以及实物产品上贴二维码等。而线下场所创新空间就更大，面对一个社群群体，可以通过更多方式，联合跨界落地。

总之，现实生活已经被细分为各种情景，情景的兴起是社群营销的趋势之一。各种垂直生活类 App 的大量出现也是这一趋势的体现。情景即产品，产品即社群，这无疑也证实了"社群＋情景"等同触发的营销趋势。

3.1.5 "实时响应＋服务"等同营销

社群是以"人"为中心的一种营销方式，人与人之间点点相通，成为随处可在的信息节点。企业或商家已失去了信息不对称时代的优势地位，失去了话语权，而融合在"人"里面，以朋友或社群成员的身份与用户一起交流学习。

很多商家打破了商家与"人"的边界，以及时响应客户服务，来实时响应社群成员所表达出来的需求，与社群成员产生互动。

很多商家选择在微信上建立社群，运用微信公众号上的客户服务，及时回应社群人员所需要解决的问题。目前很多行业都开设了微信公众号，开通线上服务。商家只要将信息与微信客户端捆绑，就可以让消费者直接查询业务进度或相关数据信息。

以某银行为例，它利用微信公众号为用户服务，用户只要将信用卡、一卡通与银行的微信客户端捆绑，就能通过信用卡"微客服"完成余额查询、账单查询、贷款或办卡等业务，在这个平台上用户可以随时满足自己的需求，打破了地区限制和时间限制，如图3-2所示。

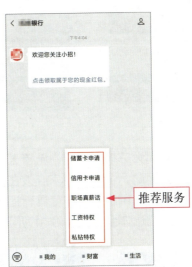

图 3-2 招商银行社群实时响应服务

实时响应服务是给社群成员一种情景上的体验，若响应速度快、内容质量高，则企业或商家能在人们心中有一个好的印象，好的服务态度能决定用户是否继续使用其产品，所以社群营销绝对不能缺少实时响应服务。

3.2 加强联系：如何加强群员间的互动

在互联网迅速发展的推动下，我们已走进了社群经济时代，每一个社群成员之间或是有共同的爱好，或是有共同的目标。总之，每个社群成员之间都是由某个点来维系的。本节主要探究的就是社群营销，以供大家参考。

3.2.1 让用户创造和分享内容

在社群营销初期以用户为主，通常用户与商家会进行信息的交流和沟通，但用户的自我表达往往更多，商家在此时进行对话和互动，是为了进一步了解用户信息，为网络营销做好准备。因此，商家学会与用户进行交流是用户制造的首要步骤，继而打造信息体系，进行社交营销和客户服务，实现个体信息交互。用户信息交互过程是根据用户群体和行业特征来制定的，一般而言可以分为三种形式，如图3-3所示。

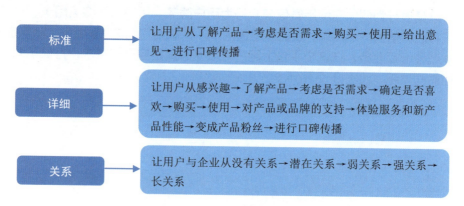

图 3-3　用户交互流程

在互联网大环境中，用户希望无论何时何地，有何需求，都可以直接接触企业或商家。因此，企业或商家应该在社群营销时建立实时回复体系，方能满足用户需求。此时，用户的参与度具有指向性作用。因此，用户主导的四种体验则构成了完整的信息体系，如图3-4所示。

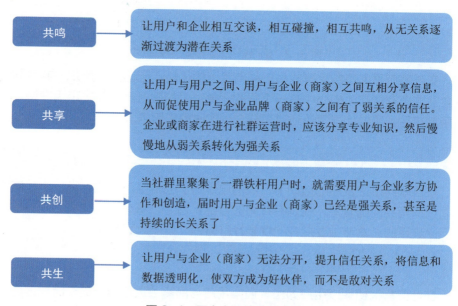

图 3-4　用户主导的四种体验

3.2.2 铁杆粉丝培养计划

商家可以通过制订详细的粉丝计划来培养铁杆粉丝，树立相同的观念，实现社群营销目的。商家在"培养铁杆粉丝"的过程中，可以从以下三方面出发，一步一步地实施铁杆粉丝的培养计划。

（1）聆听用户的心声、与用户互动、耐心与用户对话。只有这样，粉丝才能有被尊重的感觉，例如，荷兰某航空公司跟踪在机场签到的粉丝乘客，在登机时给他们送上一份个性化的礼物，从而彰显该航空公司一直关心乘客、让乘客有好体验的服务理念。

（2）从粉丝需求出发，通过奖励来提升粉丝的活跃度。商家应该分析粉丝的需求，制订奖励计划，送上用户需求的礼品，这样能大大地提升粉丝的体验，进一步巩固粉丝的留存率。

（3）与粉丝进行线下活动。商家在进行社群运营时，可以发布一些活动，为粉丝提供参与的机会、有趣好玩的经历以及优质的用户体验，使其获得更强烈的认同感。

专家提醒

"培养铁杆粉丝"的三个方面都是以粉丝体验为目的，让粉丝拥有一个好的体验才能触动其内心，促使粉丝心甘情愿地留在社群中，成为社群的一分子。

3.2.3 粉丝口碑，自发推荐

商家在进行社群营销时，想要顺利实现用户制造，就需要使用一些小窍门，比如用户之间的口碑推荐等，为品牌树立良好形象。商家打造口碑是需要粉丝参与的，具体来说，是在粉丝认可产品或品牌的基础上，让他们心甘情愿地将产品推荐给身边的人，从而形成口碑效应。一般来说，形成口碑的途径主要有三条，如图3-5所示。

粉丝口碑推荐则主要分为两个部分，即口碑推荐的出口部分和口碑推荐的入口部分，具体分析如下。

（1）口碑推荐的出口部分。

商家可以把粉丝当成传播者，让他们分享产品的具体使用体验，点评产品或相关服务，为商家提供产品体验建议。

此外，为了打造口碑，商家可以积极开展赠送礼品和促销等活动，以吸引周边人群的兴趣。同时，商家可以围绕产品和品牌提供高质量的营销内容，对产品进行更新换代，赢得粉丝的喜爱，以便最终形成闭环。

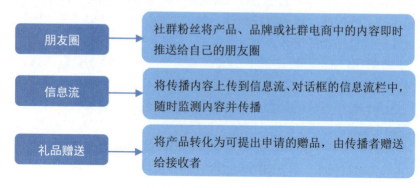

图 3-5　形成口碑的途径

（2）口碑推荐的入口部分。

用户在对有口皆碑的产品或品牌产生兴趣后，会主动搜索其入口。一般来说，用户会通过以下几个角度搜索有口皆碑的产品或品牌。

① 直接对传播口碑的源头进行咨询和查找。

② 通过搜索引擎查找，例如百度、谷歌等引擎。

③ 查找网络推荐和评论，并在购买或体验后写出自己的评论。

> **专家提醒**
>
> 赠送礼品是树立产品好口碑的较好途径，因为用户很多时候在乎的是实际的利益，如果商家在社群中推出赠送礼品、优惠券和折扣等营销活动，那么用户自然而然就会主动帮忙宣传。

3.2.4　找到微信群，混群创高效

用户只能通过群中的人邀请和扫二维码的方式加入微信群，如果是社群成员邀请用户，则不需要验证，用户直接进入微信群。另外，在微信群的"聊天信息"界面点击"群二维码"选项，即可查看该群的二维码名片。

商家可以通过加入一些比较火爆的微信群，或是兴趣爱好比较集中的微信群，然后进行社群营销。这样的群比较成熟，并且群成员的质量比较高，商家只要能吸引到他们中的部分人，就会产生一个不错的传播效应。

3.2.5 如何悉心管理微信群

如今不少的微信群，已成为消费者搜索产品或品牌、进行互动交流的重要场所。值得商家注意的是，微信群组可以实现一对多的沟通，为商家提供接近消费者的网络营销平台。

初始微信群的上限是 40 人，后扩展到 500 人，下面就来了解一下社群营销的四种方式。

1．内容营销：每天固定发布

针对群的定位每天固定发布 1～5 条内容，以微信打折购物群为例：每天发布 3 条，内容以特价商品为主。

2．活动营销：有目的性地找话题

用户可以在群里与有共同兴趣爱好或话题的人畅聊，每天可找热点话题讨论；可定期开展讲笑话、猜谜语、智力问答等小游戏；可配合官方活动同步开展微信活动。

3．会员营销：积极维护活跃成员

商家应该积极与群内活跃成员沟通，让他们与商家一起发布内容，带动其他会员参与；可以设立类似群主的职位，让他们帮忙维持社群秩序。

4．微信群矩阵：粉丝利用最大化

建立多个微信群和公众号，互相推广，扩大粉丝营销，努力让社群成员主动变成商家的推广专员。

3.2.6 让群成员一眼看到群公告

在微信群组聊天中，商家可能会有重大的消息或是广告宣布，然而有时却可能被其他客户的聊天记录淹没。为了避免这种尴尬的场面，就需要另辟蹊径，在群组中找一个很好的宣传位置来放置重要的营销内容。这个时候，群公告就起到了重要的作用。

当商家设置群公告时，系统会自动将此条信息 @ 所有用户并发送至群内，并且会保留在群公告中。当群成员查看群里的信息，或是有新客户申请加入群中时，就会看见群公告。那么群公告的内容一般是什么呢？如图 3-6 所示。

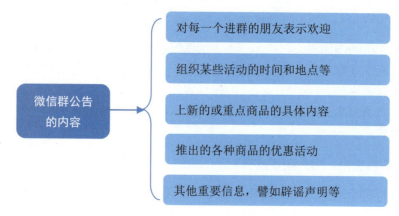

图 3-6 微信群公告的内容

3.2.7　5个方面，塑造品牌

商家在进行社群营销时，需要注意 5 个方面的问题，具体如下。

（1）有自己的独特观点。

（2）把产品信息介绍详尽。

（3）要学会互动。

（4）要学会分享干货。

（5）要传递正能量，树立好口碑。

例如，致力于美食领域的商家可以通过微信朋友圈发布一些关于美食制作的技巧，或者是配上带有文艺气息的文案，就能有效吸引用户的注意力，从而增加用户黏性，打响商家品牌。图 3-7 所示为推送到朋友圈的营销，除了图文结合，还附带有"了解公众号"的超链接。

图 3-7　朋友圈分享

3.2.8 社群红包，活跃气氛

"发红包"对于人们来说是一种喜庆的事情，比如逢年过节长辈会给小辈发红包，或者是老板发红包给员工表示鼓励，抑或结婚时发红包讨个好彩头等。随着社会的演变和时代的发展，发红包开始出现在互联网上，发红包的内容也越来越丰富。

"发红包"已变成"抢红包"，而微信群也成为"抢红包"的好场所。也正是因为微信的便捷性，更多的社群成员希望参加进来，从而能在社群中享受"抢红包"的乐趣。如今，红包已成为商家吸引用户和进行网络营销的普遍手段，虽然微信在网络营销中不再独占鳌头，但仍不失当年的风采，依旧吸引着商家或企业，他们利用微信红包，目的在于活跃社群气氛。

商家在社群中发红包，金额可以不大，但能引起用户"抢红包"的兴趣，加强他们之间的交流和互动。图 3-8 所示为微信群的抢红包和拆红包示例。

图 3-8 微信群的抢红包和拆红包示例

当然，如果商家想要在社群营销中更充分地利用"抢红包"手段，还要注意几方面的问题，如下所示。

（1）让用户尽可能成功地抢到红包。

（2）发红包要一气呵成，不要让用户左等右等，最后丧失耐心。

（3）发红包要有金额限制，以免损失利润。

专家提醒

此外，商家还可以通过社交关系把红包的价值传递出去，影响到更多人，使他们知晓商家的品牌。

3.3 了解要点：清楚社群营销成功的关键点

这个世界不确定因素太多了，验证了一句流行的话"计划永远赶不上变化"，这使得没有准备好面对各种挑战的商家不知如何是好。那么，对于已建立社群的商家来说，到底该怎样才能打破不确定因素，成功进行社群营销呢？商家具体要抓住以下要点。

（1）产品或体验极致 + 传播内容的用心。

（2）粉丝经济不等于社群经济。

（3）社群的重点价值在于营销。

对于诸多商家而言，粉丝经济就与社群经济画上了等号，而事实上并不是这样，商家需要了解"社群经济"的实质和关键点。

在作者看来，商家只有掌握了以上三大关键，才能很好地打破粉丝经济等于社群经济的说法，让商家挣脱粉丝经济的束缚，走进社群经济的大道。

3.3.1 体验极致 + 传播内容的用心

对于不少企业或商家来说，现在这个时代社交极其重要，只要懂得社交，懂得传播，就能够掌握商业先机。然而，企业或商家进行网络营销，光是抢占先机还不够，那些在社群营销中尝过甜头的商家，如果没有将产品体验做到极致，那么他们的网络营销，只是互联网里的一次容易被淡忘的炒作而已。

例如，某饮料品牌如若不是将咖啡做得极致，也不会产生那么庞大的粉丝经济效应；某名车品牌若不是将服务做到极致，也不可能有 20 万 + 级别社群的影响力。

由此可知，商家将产品或体验做到极致，在社群营销中是非常重要的。因此，商家应该学习社群营销前辈的社群思维，以社群思维为核心，为自己的社群成员打造出极致的体验。

当然，商家单单只将产品或体验做到极致是不够的，还得学会传播和推广。某些商家误认为社群营销不需要传播，认为传播容易使社群成员产生反感心理，这种看法是对社群营销的误解。

仔细思考，若商家不去传播，那么社群成员怎么能知道产品的好处、全面了解产品？又怎能将新产品展现在社群成员面前？所以，传播一定要有，主要是选对方法上。在作者看来，商家可以将相关信息嵌入到营销活动中，让社群成员迅速了解某些营销信息。

由此可以说明，在社群营销中"产品或体验极致 + 传播内容的用心"是一对重要的组合，虽然它们不是决定社群营销成功与否的关键，却是商家需要掌握的一个营销手段。

3.3.2 "粉丝经济"不等于"社群经济"

很多商家容易混淆粉丝经济与社群经济这两个概念,容易将粉丝经济和社群经济直接挂钩,其实这样理解是不准确的。任何商家都会有自己的粉丝,但如果仅仅停留在粉丝这个层面,那么无非就是把忠实用户换一种说法而已。

对于商家来说,只有经营粉丝经济一说,没有依靠粉丝经济的这个概念,而社群经济就是将不同类别的人群聚集在一起,可谓是包罗万象,但这些人群有一个共同的核心,就是对产品或服务的忠诚度比较高。商家只有完成"从客户到朋友"这个过渡,才能打造一个有价值的社群,具体分析如下。

第一阶段:吸引用户。

第二阶段:把用户变成粉丝。

第三阶段:把粉丝变成朋友。

在互联网冲击下,许多没有组织的人在网上游荡,商家需要将这些人群中特定的人聚集起来,并经过一段时间的选择,寻找忠诚的社群成员和朋友。

3.3.3 社群的价值重点在于营销

接下来,作者将为大家介绍社群营销价值方面的内容,社群价值重点在于营销,主要体现在以下三个方面。

1. 从"小"出发

某些商家的社群营销之所以成功,是因为他们从"小"出发,将自己的进群范围缩小,将商家态度和主张体现出来,从而产生小众的人格魅力,使得用户因为认同商家的魅力而聚集在一起。

2. 连接成员

随时随地连接社群人群,是社群运营必须做的,只有这样,商家才能与社群成员建立起不可磨灭的感情。若商家不看重这个感情,那么该商家的社群就难以成功,只是一个曾经聚集过人群的载体而已。因此,商家要学会及时与社群成员联络感情,与他们打成一片,彼此成为好朋友。

3. 培养凝聚力

商家在刚进行社群营销时,社群成员有可能是一盘散沙,他们只有在商家的带领下,才能长久地聚集在一起,不然很容易出现大量社群成员流失的现象。况且,即使用户没流失,之间可能也难有凝聚力,若某个社群连凝聚力都没有,那么该社群也就难以长久地运营下去。

因此，商家在建立社群初期，需要提出某个"点"，使得社群成员因为这个"点"而聚集起来。此外，商家还可以与聚集起来的社群成员进行一对一、一对多的交流，走进社群成员的生活中，与他们一起交流探讨，甚至谈天说地，这样才能让社群营销初见成效。

商家还需要注意的是要学会挑选，不能只将注意力放置在人群数量上，而是需要放置在人群质量上，学会在社群里挑选出质量高的社群成员，这样才能使社群氛围越来越好。

3.4 基本操作：掌握社群营销的基本构成及步骤

商家要想掌握社群营销，其首要任务就是了解社群营销的六个要点和三个要素，以及营销步骤，只有将这些全都熟知，才不会走太多弯路。接下来，将为大家详细讲解社群营销的六个要点和三个要素以及步骤等内容。

3.4.1 社群营销的六个要点

很多商家在进行社群营销时，都会抱怨社群营销根本就没有效果，或者是与先前自己预想的效果出入太大，于是就开始质疑社群营销是否能让商家在互联网上得到不错的收益。

事实上，有些商家根本没有深入了解社群营销的特性，没有能制订合理的营销规划，没有掌握社群营销的要点，才会导致社群营销惨淡收场。下面就来详细讲解社群营销的六个要点，让商家能更加深入了解社群营销的操作。

1. 做到长久运营

商家在做社群营销时大多会步入一个误区——"急功近利"，想要"一口吃成一个胖子"，不想花费时间循序渐进。尽管社群营销在快速吸金方面有优势，但不意味着社群营销会因为一次活动就能得到显著的成效。

一些商家总是抱着过于乐观的心态，不切实际地认为只要在社群里将社群成员聚集起来，弄一次网络营销活动，就能使将产品大量卖出。这是很难的，这样会使得部分社群成员远离商家，甚至主动离开社群。

所以，商家需要坚持进行社群营销，多推出营销活动，多与社群成员互动，这样才能培养出忠实用户。商家在决定进行社群营销之前，应该做好长期战略准备，这样才能使社群营销发挥真正的作用，而不是采用哗众取宠、转瞬而逝的炒作手段。

> **专家提醒**
>
> 商家在运营社群营销时,需要坚持不懈,不能只将社群看作一个单纯的营销平台,需要将社群看成一个自己的"朋友圈",与社群成员随时随地进行交流。

2. 将特性相结合

有些商家在做社群营销时能取得立竿见影的成效,而有些商家在做社群营销时久久不见收获;或者了解商家产品的人多,可真正购买产品的人却少之又少。造成这种问题的原因,可能在于产品特性和营销活动的有效性。

例如,某些消费产品(牙膏、牙刷、毛巾等)价格不高,消费者没有太强的品牌忠实度,随机购买的可能性相当高,甚至还会受社群气氛的影响。但一些家电类产品(电视、空调、冰箱等),价格比较高,社群成员的品牌意识比较强,他们在选择时会比较谨慎,甚至会货比三家。而价格更高的汽车、黄金和珠宝等产品,几乎不可能在社群里直接销售,更多的是商家吸引社群成员的手段。

所以,商家在进行社群营销时,需要将产品特性和营销活动进行搭配组合,不能单看一方面。商家只有将二者相结合,才能让社群成员在活动中自然地了解产品特点,如此一来,不管产品销量是否好,社群营销都是有效果的。

有些商家做社群营销能很快取得效果的原因之一,就是消费者对他们的产品或品牌很熟悉,省去了大批消费者认可产品或品牌的时间。所以,一旦消费者对产品或品牌有了一定了解,那么他们就不会一味地质疑产品和活动的真实性了,社群营销效果就会比较显著。

而一些知名度比较低的商家,在社群营销初期阶段可能难以一帆风顺,因为消费者没有足够的了解度和信赖感,很难产生购买欲望。所以,这一部分商家在进行社群营销时相对吃力一些。

当然,这并不意味着这部分商家就不适合社群营销,相反,这些商家在建立社群营销的过程中,更能接近消费者,能更快速地拉近同消费者的距离。之后,商家就能积累名气,树立品牌。

总之,商家一定要将产品特性了解清楚,这样才能将它们在社群营销活动中体现出来,才能使社群成员了解相关的产品信息。

专家提醒

总而言之,商家想要将社群营销进行下去,就需要做到以下几点。

(1) 商家需要了解产品特性。
(2) 将产品特性融入社群营销活动中。
(3) 给一个消费者认识商家的过程。
(4) 商家需要一点一滴地积累知名度。
(5) 商家需要多与用户交流,带动用户积极性。
(6) 商家需要定期举办活动,保持社群黏性。
(7) 商家需要培养社群成员的信赖感,不夸大宣传,应当实事求是。

3. 进行战略规划

社群营销需要建立一个完整的系统,这个系统至少要经历三个阶段,才能逐渐成熟,具体分析如下。

第一阶段:前期市场调查、产品选择。

第二阶段:中期方案策划、活动开展。

第三阶段:后期跟踪反馈、修正改善。

商家千万不要随波逐流,不能没有规划就进行社群营销。在进行社区营销之前,商家需要推广预热,增加社群的热度,比如在某个社交平台上,商家与某些目标人群建立情感联系,这样才能为社群营销带来好趋势。

商家不要将社群看成一种普通的营销工具,而是将它看成一种社交专业化的营销渠道。只要产品适合社群营销,那么商家在做战略规划时,就可以认真地做好整体性规划,从策划到实施过程中,尽量提高社群成员的参与度。

在关注销售额和销售量的同时,商家还要关注社群成员的交流,从社群成员的交流中,获取产品的改善意见。此外,商家还可以培养社群成员对品牌的认知度和认可度。这样进行社群营销,商家才有可能获得盈利。

4. 清楚营销目标

商家在社群营销开展之前,还需要想清楚建立社群的目的,一般来说,商家进行社群营销具有三个常用目的,具体如下所示。

(1) 直接提升销售额。
(2) 宣传推广产品。

（3）提高品牌知名度。

当然这些目的都可以兼顾，可是商家需要将兼顾的目的分出主次，只有明确了目的性，才能制定有针对性的活动方案，让活动不偏离商家先前所制订的规划，让活动执行变得有效，使社群营销的效果最大化。

社群营销的目的并不是空想的，而是根据产品特性和战略规划来进行选定的。商家只有明确目的后，才能集中资源进行相应的活动，避免花费无谓的时间和出现资源上的浪费。

5．调动社群气氛

商家开展社群营销时，一定要维护好社群里的气氛，千万不能让社群变成一个"死群"，最好能让社群成员主动聊天。如果群员能主动调动社群气氛，这样商家会省事不少。

那么问题来了，商家该如何让成员主动调动社群气氛呢？其实很简单，商家通过开展一些活动，让社群成员有一个共同的话题即可。

总之，商家需要通过制造社群气氛，对社群成员适当地进行引导，使得高涨的社群气氛持续地游走在整个社群中，避免出现忽冷忽热的情况，这样才能使得社群成员的质量得到有效提高，同时也会使社群成员的忠实度越来越强。

6．挑选恰当时间

任何营销模式都有一个时间限定，虽然社群是一种去中心化、自由交涉的载体，但是商家还是要找好时机，将营销嵌入到社群成员的交流中去，这样才不会让社群营销显得突兀。此外，社群营销还是需要考虑社群成员的作息时间和生活习惯，选择最恰当的时间开展活动或发起聊天。

总之，商家在社群中最好选择一个不错的时间段发布产品信息，当然上面所提到的时间只是一个大概的状况，不同产品需要选择不同的时间，这样才能取得不错的成效，毕竟产品之间还是有差别的。但是，无论做何选择，商家都不要打扰社群人员的日常生活。

3.4.2 社群营销的三个要素

在社交媒体时代，社群营销已经强势崛起，面对着汹涌而来的流量诱惑，商家可利用社群加强用户黏度。不管是在 PC 端，还是移动端，用户日活跃表现是进行社群营销的关键。

用户日活跃度的高低，关系到用户与社群关系的好坏，也能从侧面看出商家的产品质量，以及营销效果。下面就来讲解做好社群营销的三个要素，具体分析如下。

1．建群的作用

一般来说，社群营销的目的分为两点。

（1）商家与社群成员：商家可以频繁接触用户，通过这种方式可以增加与用户沟通的时间和次数。

（2）社群成员之间：让社群成员之间互相服务，提高他们的黏性。

在很多商家的心中，社群营销是低成本营销，其实不然，低成本的社群营销在于商家构建社群营销的方法。

在社交网络中，每个人的社交关系都可以组建成一个个小社群，商家可以让用户在社群中谈论自己的需求，一起寻求解决方案。对一部分商家来说，在高频的需求下，现有用户和合作伙伴的关系链就是社群，商家可以利用分享产品信息的方式，将它们导入社群中。

商家除了自己寻找社群外，社群成员推荐好友也是加入社群的常见方法之一。通过这种方法，商家将社群进行裂变，一个大社群可以裂变成多个小社群，这些小社群也会再度聚合成更大的社群。

这样循环的过程，既能调动社群气氛，又能加强社群扩散速度，这无疑是社群的魅力所在。

2．社群激励机制

在通常情况下，社群中产生的互动越多，社群成员就越活跃。除此之外，用户在社交网络中还会自己设定一种目标，并努力去完成它。商家把这个目标称为自助目标，其结果也是用户释放的自助激励。

如果商家只用常见的奖励面对用户，多半会出现一种局面——铁杆用户将不断离去，最终留下的是"刷奖用户"。如果自助激励可以运用到社群营销中，这个问题就可以得到解决，用户一旦确立了个性化目标，就会长久地留在社群中，并且还会想办法让志同道合的朋友一起在社群中进行交流。

专家提醒

何为自助激励？具体来说，它指的是社群成员寻找兴趣爱好或社交激励，而且会随着时间和用户产生变化。

3．社群成员自由化

在社群营销方法论中，有一个观点："社群领袖可以起到活跃社群氛围的作用。"作者不得不承认，在社群营销刚起步时，社群领袖确实有这种作用。但如今，社群营销已逐渐走向成熟，需要商家运用社群方式来运营和发展，与此同时，社群领袖的角色会被迅速淡化，社群成员会走向主导地位。

每一位成员都在为活跃社群做贡献，共同推动社群前进，这才是当代社群营销的意义。在社群中可能某一时刻某一成员起到的作用会略大，但到了下一个时刻，又会有其他活跃分子扮演起关键角色。

商家在社群营销中施加的影响越大，用户的参与意愿可能越低。因此，商家在做社群营销时，需要去中心化，放弃自己的控制意愿，让社群成员自由组合，分别扮演不同角色。

3.4.3 社群营销的三个步骤

商家要进行社群营销的话，就必须要清楚社群营销步骤，接下来，将为大家介绍社群营销的操作步骤。

1. 建群

社群营销的开端要从建群来说起，商家只有正确建立起一个具有共同语言、参与性强、黏性大的社群，才能为以后的社群营销埋下伏笔。下面就来详细了解一下商家建立社群须知的注意事项。

1）摆正姿态

对于商家来说，去中心化是给予社群成员自主互动和领导的权利，却不代表商家要当一个"甩手掌柜"，对社群不闻不问，那样的社群绝对不是商家社群，那只是一个纯粹的社交平台，不会有任何网络营销成分，也不会是商家建立社群的初衷。

但商家需要注意的是，社群中的领袖并不是指"商家"，而是指"人"，这是什么意思？这就是让"商家"抛开自己高人一等的形象，做真实的自己，从"人"的角度与社群成员一起交流。在交流的过程中，商家可以以朋友相称，以获取用户对商家产品、服务和品牌的建议，解决产品和服务所存在的问题。

总之，商家需要将姿态摆正，将话语权交与社群成员，亲民地与社群成员一起交流。

2）培养领袖

通常来说，在某一领域影响力大的个人或组织，更容易建立社群。很多商家想通建设内部社群，运用社群的力量带来创造力、影响力、传播力和品牌力。

商家需要一个灵魂领袖来引导社群走上营销道路，让这个灵魂领袖作为中间人，将商家和社群成员连接在一起，使他们共同学习和进步，同时还可以增加用户对商家和社群的忠诚度，这才是商家进行社群营销的核心做法。

灵魂领袖在社群营销的过程中，需要在社群中培养更多具有原创匠心和愿意分享的社群成员，这样才能让社群凝聚起来。

3）提供价值

商家在建立社群的初期，需要面对的首要问题并不是在哪里找到社群成员，而是需要明白自己社群的价值，即为社群成员所带来的价值，如图3-9所示。

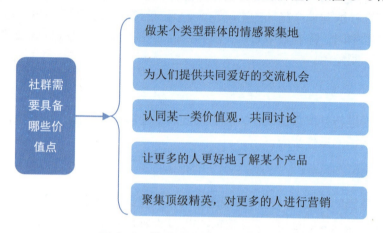

图3-9　社群对社群成员的价值

商家在为社群成员提供价值时，一定要在某个方面拥有超出普通人的能力，并得到社群成员的认可。社群的价值有时基于能力才能构建，不是基于单纯的热情或是愿景，所以说能力是价值的关键。

4）寻找成员

商家一开始寻找社群成员，可以邀请朋友、忠实客户、品牌粉丝和朋友的朋友来帮助撑场面。等有了一定数量的社群人数，商家就可以去微博、微信和QQ等其他社交平台上吸引新成员。

5）划分角色

商家要想建群，就必须将社群中的角色给划分好，这样才能让社群有秩序、有吸引力，并持续运营下去。一般来说，社群中具有几类角色，如图3-10所示。

6）社群结构

社群分为两种结构，一种是内部环形结构，另一种是外部金字塔结构。在社群内部环形结构中，每一次的交流，都能将社群中每一个人的身份相互影响和变化，在社群里没有地位之分，管理相对松散，没有严格的规矩，只有社群成员进行讨论、交流的内容。

很多社群都是以随意聊天、聊八卦、玩匿名、爆照和聊情感等为主要职能，基本上用户可以随心所欲地聊天，商家可以让社群成员在欢声笑语中了解产品的信息，还可以在社群中让社群成员培养出难舍难分的忠实情感。

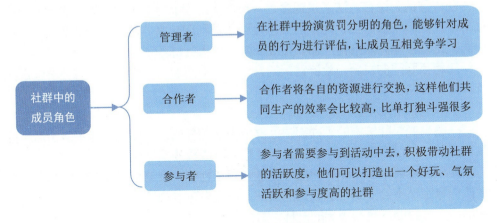

图 3-10　社群中的成员角色

7）加群原则

随着社群营销的日益火爆，社群出现了两种加入原则，分别是有门槛的邀请加入和无门槛的开放加入。

无门槛的社群成员会比较杂，并且会有很多"不冒泡"的人，不在社群里发表意见，只是一时兴起才加入社群中，做一个"占位者"，这些人对商家以及社群来说没有什么价值。而有门槛的社群，一般都会是社群成员邀请进入的，若是用户自己申请，没有一个合适的理由是不会批准进入的。

所以，无门槛的社群经常需要清理社群成员，这样才能保证社群营销能有效进行。商家若不建立"淘汰制"，那么营销社群与普通的 QQ 群又有何区别呢？不过，在作者看来，很多开放性社群都没有建立有效的"动态淘汰制"。

8）内容输出

若一个社群的输出内容不符合社群成员的需求，那么这个社群很有可能面临散群危机。商家如果想要规避散群危机，就需要给社群成员提供稳定的内容输出，这才是社群成员加入社群、留在社群的价值，没有服务输出的社群很难保持长久的活跃度和生命力。

专家提醒

所谓的"动态淘汰制"是指，商家在不确定的时间里，根据社群运营数据，将那些对社群没有价值的、很长时间不在社群中交流的人移出社群，以便留出空位，吸引更多积极的用户。

2. 方法

社群营销无论在方法还是理念上，都与传统营销有很大的不同，商家不能在社群中一味地投放广告，而是需要将社群成员利用起来，使他们自愿成为商家的一员，主动帮助商家宣传产品，拉拢人群来扩大社群圈子。

随着互联网的发展，社群营销的方法也包罗万象，下面就来了解社群营销的几种常见方法。

1）培养活跃力量

一般来说，社群中的领袖都是社群成员所信任的人，而社群能不能快速传播某样产品，不仅要看话题内容，还需要看社群成员的信任度。

如果在社群中发布信息的是一个从没有在社群中参与聊天或不活跃的人，那么该信息定然不会受到社群成员的关注，还很有可能被踢出社群。所以，在社群营销中，产品的传播是重要的一环。

商家在开展社群营销时，需要借助社群活跃领袖的力量，同他们开展合作，或者商家自己培养出一个社群活跃领袖，借他们之手发布及传播营销信息。

2）真诚沟通

不管是怎样的营销活动，商家都需要与社群成员进行真诚沟通，这样才能使营销活动获得成功，这也是商家必须遵守的原则之一。在不能面对面交流的社群中，更加需要真诚沟通。真诚沟通在社群营销的内容中，是必不可少的一环，是体现真实性和可靠性的纽带，是社群成员相信商家的重要砝码。所以，在社群营销中一定不能掺杂任何夸大其词的宣传。

无论何时，商家都要记住"天下没有不透风的墙"，做了坏事，定会被网民们逐一揭穿，届时商家还狡辩的话，只会让社群成员更加失望，商家获得的将不是其乐融融的氛围，而是社群成员的指责与背离。

商家与社群成员进行真诚沟通，才能获得社群成员的信任和赞同，这才是社群营销的基础方法。

3）创建品牌社区

在社群还没有出现时，社区就是社群的雏形，社区也是由一部分人群对某一品牌有特殊爱好，产生心理共鸣的消费者组织起来，形成的一种网络联结形式。

商家在运营社群之前，可以像某手机品牌一样发展自己的社区。在该社区里，用户只会发布关于该手机品牌的有关信息，该社区的使用人群几乎都是该品牌的忠实粉丝，如图3-11所示。这样的话，该手机品牌就可以在社区中找到高质量的社群成员，展开社群营销。

所以，商家可以先建立自己的社区，然后在社区中找到适合自己社群成员。当然，商家在形成与维护社区时，也需要用正确的方式引导用户。

图 3-11 某手机品牌的社区

3．优化

曾经利用社群营销而成功的商家，并不是一蹴而就的，他们经过多次试错，才最终尝到成功的果实。所以说，商家不断将社群进行优化、再优化，才能将自己的社群变成一个参与度强和活跃度高的高质量社群。只有打造出这样的社群，商家才能在营销中站住脚跟，获得营销收获。

下面就来分析社群营销需要优化的几个方面。

1）优化准备

社群营销优化可以提升社群成员对产品内容的好感度、社群成员对商家的信任度，因此商家优化的首要步骤，就是做好社群营销准备，找出可以影响社群营销结果的元素。

优化准备的涉及面很广，概况来说主要包括：精准社群成员、选择社群载体和话题话术三个方面。

2）关注动态

当商家开展营销活动时，需要及时关注营销活动的整个动态，只有这样才能让活动顺利地进行下去。若是营销活动成效不好，商家就应该快速调整策略，比如可以尝试在不同时间发出公告、调整内容以及增加新视觉效果等。

3）及时评估

商家在社群中需要及时评估活动指标，如活动一开始的转换率和社群成员的分享量，这些都是可以作为评估的参考指标。当然，商家也要结合社群实际情况来设立评估参数。比如，某些社群会发放调查问卷，收集手机用户的反馈信息，供商家进行评估和决策，如图 3-12 所示。

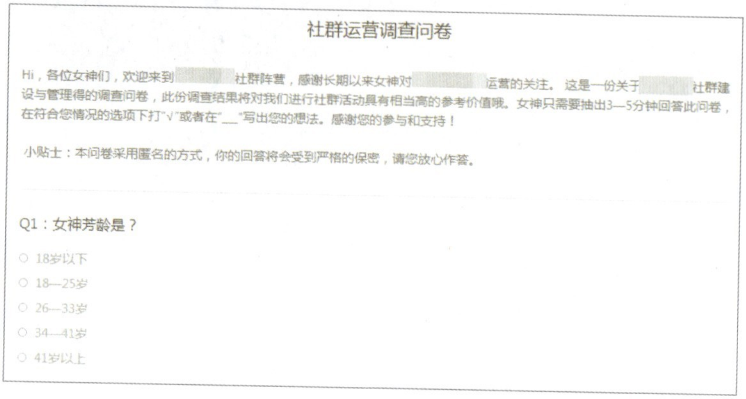

图 3-12　某社群发放的调查问卷

商家若是能够做到及时评估和优化，不但可以让单一的社群活动成效发挥得更好，从长远来看，也能产出更多的参考数据，还能为之后的营销活动做好准备。所以说，及时评估是社群优化所必备的。

第 4 章
视频营销：不断拉近与用户的距离

学前提示

随着各种短视频平台的兴起与发展，视频营销也随之兴起，并成为广大企业进行网络营销经常采用的一种方法。商家可以借助视频营销，将目标群体开发为自己的客户。

本章将以视频号、抖音、快手和 B 站为例，为大家介绍视频营销的相关内容。

4.1 视频号营销：品牌营销新方向

随着短视频平台的飞速发展，很多商家都开始将目光投向了短视频领域，借助短视频进行品牌营销。

例如，腾讯推出视频号，对于各个商家而言，又多了一个可以推广的渠道。那么，面对视频号的出现和发展，品牌营销的风又将吹向哪里呢？这一节就来聊聊这个问题。

4.1.1 短视频的品牌营销优势

关于品牌营销，百度百科给出了这样的定义：通过市场营销使客户形成对企业品牌和产品的认知过程，企业要想不断获得和保持竞争优势，必须构建高品位的营销理念。

换种简单的说法就是：企业或商家通过了解消费者的需求，然后通过对自家产品的质量和独特性进行宣传，来引起用户的共鸣，获得用户对产品价值的认可，最终形成品牌效应。

所以说，品牌营销的前提是保证产品或服务的高质量。一般来说，有的商家提供的是有形的产品，有的商家提供的是无形的服务。而不论商家提供的是有形的产品还是无形的服务，都应该既要满足自己的利益，又要满足用户的需求并且赢得用户的认可和喜爱。

而这些都建立在高质量的产品基础之上，只有让消费者买得开心、用得放心，才能留住用户。品牌营销的最终目的并不是引导消费者进行一次性消费，而是为了赢得终身客户。可以这样说，以高质量的产品或服务建立品牌营销，是商家长期发展的必要条件。

品牌营销的关键点在于商家拥有自己品牌的核心价值观，这种价值观能够深刻感染消费者，能够让消费者在品牌的汪洋大海中清晰地识别并记住该品牌的利益点与个性，能够获得消费者的认同并让消费者爱上该品牌。

品牌营销能够做到让消费者消费时选择这个产品，就是成功的。所以高级的品牌营销就是商家利用品牌符号，把产品输送到消费者的心里，将商家形象根植于消费者的心里。

商家要想生存，就应该以各种营销方式紧紧围绕品牌进行推广。而随着互联网时代的发展，品牌推广有了更广阔的空间，尤其是短视频领域的发展，给品牌提供了全新的推广形式。

图 4-1 所示为某品牌在抖音短视频平台发布的宣传视频。

视频号的出现则为实现品牌营销提供了新的渠道，而品牌营销的实现又具有非凡的意义，具体分析如下。

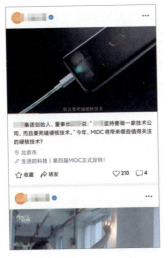 

图 4-1 某品牌发布的宣传短视频

（1）推广力量最大化。商家通过对用户需求的探索，能够更加精准地投放广告，使得用户需求的拉力与品牌营销的推力方向一致，这样，最终推广的力量自然也就最大化了。

（2）推广效率最大化。品牌营销能够通过共享让消费者和品牌方成为利益攸关方，使得被动营销转化为主动营销。利益双方都积极地对待产品销售过程，自然商家推广的效率就会更高。

（3）推广风险最小化。品牌营销能够带动消费者积极地参与品牌互动，所以市场风险由消费者和品牌方共同承担，内耗风险系数降低，各自担当的风险也降低。

4.1.2 视频号有哪些营销优势

虽说视频号现在还处于发展的初期，各种功能也还在完善的过程中，但是，对于商家而言，视频号的网络营销价值也在逐渐显现。

近几年，短视频行业风起云涌，"口红一哥""淘宝一姐"等虽然霸屏直播界，但依然通过短视频进行预热。而且，汽车、地产和家居等各行各业都先后在各个短视频平台试水。短视频作为网络营销的渠道，是通过扩大品牌的忠实用户来提升品牌影响力的，也就是为品牌创建专属的私域流量。

就目前来说，在网络营销领域比较火的是"双微一抖"。而视频号作为微信生态内容的补全，它与抖音、微博相比，背靠微信，社交性强，可以无缝对接用户的生活工作圈。视频号一旦完善好功能和用户体验，或将分走抖音、微博的部分流量，从而获得更多商家的青睐。

视频号与微信公众号相比的话，其优势在于短视频塑造的品牌形象更鲜明、更立体，给用户的感受也最直观，这样一来，视频号的 IP 化运作也会更为顺畅。而且视频号和公众号同为微信平台推出的产品，它们之间是协作的关系，彼此优势互补，更有利于网络营销。

4.1.3 补全微信生态内容

微信作为即时通信工具，可以说通信是它的核心。但是随着微信各种功能的推出和完善，微信已经不仅仅是通信工具，还是链接工具。例如，微信小程序和微信公众号等功能的推出，让人们看到了微信的无限可能性。

在将来，商家将会在微信生态打造一个营销闭环，即"公众号+视频号+小程序"，为商家挖掘新流量。

就拿视频号和公众号来说，它们作为微信生态内容的一环，相互之间是协同关系，而非竞争关系。在形式上，在视频号可以添加公众号文章链接，打通了视频号与公众号之间的联系；在内容上，公众号文章以图文为主，视频号以短视频为主，二者之间优势互补。

商家如何让视频号与公众号进行合作，放大它们的营销优势？其实合作方式并不复杂，品牌打造出专属 IP，然后根据品牌特性和 IP 定位在视频号上持续产出优质的短视频内容，吸引更多的目标用户，并强化品牌在这些用户心中的形象和认知，然后在合适的时机将他们导入到公众号。图 4-2 所示为某视频号发布的短视频。图 4-3 所示为同名公众号推送的文章。

图 4-2　某视频号发布的短视频

图 4-3　同名公众号推送的文章

4.1.4 软性广告营销

对于商家来说，在营销视频中进行产品植入无疑是非常关键的。但是，如果商家的广告植入太过生硬，用户可能就会产生反感情绪。因此，商家需要将广告植入软化，让广告植入变得更加自然。

对待广告植入，大多数用户是"吃软不吃硬"的。只要广告植入足够巧妙，用户很容易被商家的营销所打动。

一般来说，部分商家在做网络营销时，会选择相对直接植入广告的方式。比如，某些商家通过短视频展示产品。甚至会通过多个相似的短视频，对同一个产品反复进行营销推广。

这种直接推广法虽然能让用户更直观地看到产品及其相关信息。但是大多数用户都不喜欢看广告，商家这么做相当于在多次做相似的广告，这种行为，会让部分用户直接忽略短视频内容。

如果商家能够弱化营销痕迹，用户也许更容易接受。比如，同样是卖厨具，商家直接通过短视频展示厨具，用户可能难以坚持看完该视频。如果商家在美食短视频中使用要卖的厨具，而且让用户看到该厨具有实用性，那么用户不仅不会觉得这是广告，甚至还会因为厨具的实用性而直接下单购买。

4.1.5 场景营销凸显卖点

每种物品都有对应的使用场景，商家在为产品做网络营销时，不妨借助其使用场景进行展示。这样做主要有两个好处，具体如下。

（1）可以通过特定场景下产品的使用情况，来凸显产品的卖点。

（2）将产品融入场景中，广告植入可以变得更加巧妙。

商家在进行网络营销时，也可以通过这种方法来凸显产品的卖点，让用户看到产品的真实使用场景。这不仅可以对产品很好地进行展示，也能通过产品的使用，提醒用户在哪些场景中需要用到该产品。

4.1.6 适当展示产品优势

随着网络技术的快速发展和电商平台的不断增多，用户购买产品的渠道越来越多。即便是同一款产品，用户可能也有多个选择。在这种情况下，要怎样让用户认准你销售的产品呢？其中一种比较有效的方法，就是商家在营销时适当展示，甚至是放大产品优势，让你的产品更能打动用户。

图 4-4 所示为两条营销短视频，其中一条以"好用不贵"为卖点，而另一条则强调"防水耐用，防尘易收纳"的特点。这两条营销短视频显然展示的是产品优势，甚至是在放大产品优势。当用户看到这两条短视频时，如果他们对这两

种产品有需求，很可能就会被打动。

图 4-4 适当展示产品的优势

4.2 抖音营销：快速获得高曝光量

这是一个"酒香也怕巷子深"的时代，尤其在抖音短视频平台上，用户可以看到各种信息，如果商家不做好网络营销，那么产品很可能没有多大的销量。这一节，就来重点教大家熟练运用短视频的产品体系，通过深挖抖音短视频的营销力，获取更好的营销效果。

4.2.1 广告营销技巧

抖音短视频中有一些营销模块，这些营销模块既是在进行广告营销，也可以让视频内容获得海量曝光和精易触达。下面让我们一起来看看抖音短视频平台上支持的营销模块。

1．Topview 超级首位

Topview 超级首位是一种包含两种广告形式的营销模块。该营销模块由两个部分组成，即前面几秒的抖音开屏广告和之后的信息流广告。图 4-5 所示为某汽车品牌的短视频，我们可以看到映入眼帘的是以全屏形式展现的开屏广告（左侧），而播放了几秒钟之后，就变成了信息流广告（右侧），直到该视频播放完毕。很显然，这条短视频运用的就是 Topview 超级首位模块。

图 4-5 Topview 超级首位模块的运用

从形式上来看，Topview 超级首位模块很好地融合了开屏广告和信息流广告的优势。既可以让用户在打开短视频 App 的第一时间就看到广告内容，也能通过信息流广告对营销内容进行完整展示，并引导用户了解详情。

2. 开屏广告模板

开屏广告模板，顾名思义，就是打开抖音时就能看到的广告营销内容模板。图 4-6 所示为开屏广告模板的运用案例。

图 4-6 开屏广告模板的运用案例

开屏广告的优势在于，用户一打开抖音短视频 App 就能看到，所以广告的曝光率较高。而其缺点则体现在呈现的时间较短，因此可以呈现的内容较为有限。

按照内容的展示形式，开屏广告可细分为三种，即静态开屏（一张图片到底）、动态开屏（中间有图片的更换）和视频开屏（以视频的形式呈现广告内容）。商家可以根据自身的营销需求，选择合适的展示形式。

3. 信息流体系模块

信息流体系模块就是一种通过视频传达信息的营销模块。运用信息流体系模块的短视频，其文案中会出现"广告"字样，而用户点击视频中的链接，则可以跳转至目标界面，从而达到网络营销的目的。

4.2.2 内容营销技巧

做短视频营销运用的营销模块固然重要，但更重要的还在于营销内容。毕竟要想达到营销目标，还得通过内容营销来增强用户印象，提升用户对产品的接受程度。

1. 话题挑战赛

话题挑战赛是一种重要内容营销手段。一般来说，话题挑战赛会设置一定的奖励，所以用户的参与积极性比较高。而且，热门话题挑战赛还会在抖音搜索界面中出现入口。因此，话题挑战赛往往能够起到引爆营销的作用。图 4-7 所示为话题挑战赛的运用案例。

图 4-7　话题挑战赛的运用案例

2. 原创音乐

音乐是一种与用户产生连接的有效方式。譬如，商家可以打造与品牌相关的原创音乐，然后通过促使用户使用该音乐，共创热点，实现发酵传播。

3. LINK 触达目标人群

LINK 就是联系或连接的意思。抖音短视频提供了一些链接模块，商家可以通过对这些模块进行设置，创作链接，让用户可以更方便地进入某些信息界面，从而达到内容流量曝光和精准营销的目的。

在抖音短视频中，常见的 LINK 主要分为两种，即视频界面的链接（视频中添加的商品和其他链接）和视频评论链接（评论页置顶的商品或者其他链接）。

4.2.3 互动营销技巧

商家做短视频营销工作时，单纯将信息传达给用户是不够的，还需要通过互动引导抓住共同利益点，打造触点，让用户与营销内容产生更强的联系，甚至让他们直接购买产品。

1. 创意贴纸

抖音短视频平台对于贴纸这一块是比较重视的，我们刷抖音短视频时，经常可以看到各种创意贴纸。不仅如此，许多用户也会经常使用各种创意贴纸拍摄短视频。据相关数据统计，抖音中使用率最高的贴纸，日曝光量超过了 1 万次。由此，也不难看出创意贴纸的受欢迎程度。

另外，当一款新的创意贴纸推出后，还会形成该贴纸的相关话题，并且吸引许多用户使用该贴纸拍摄短视频，参与话题。

所以，商家如果能够推出一些有创意的原创贴纸，便可以在用户使用贴纸时，起到网络营销的作用。而且，商家既可以与官方设计师合作制作抖音贴纸，也可以和原创设计师合作。

2. 挂件

挂件就是在原本的内容之外增加的一些附件，商家可以通过挂件激发用户参与营销活动，扩展品牌的展示空间。在抖音短视频平台中，挂件大致可以分为两类，即视频挂件和头像挂件。

视频挂件，即在原有视频内容的基础上挂出来的一些附件。这些挂件往往是由抖音官方统一挂上去的。因此，挂件的具体内容通常是抖音官方推出的某个重大活动，或者是某个品牌通过抖音官方进行的广告营销。

头像挂件，即在头像周围（通常是在头像的上方）挂出来的一些附件。这一类附件通常不会由抖音官方自动挂上。但是，用户如果有需要，可以通过与商家合作，或者在抖音平台进行申请。

3．扫一扫

商家可以借助抖音"扫一扫"功能将抖音码保存到手机相册中，然后通过各种社交软件，将抖音二维码照片发送给潜在客户，从而扩大了自己网络营销的范围。

4.2.4　创意信息营销

那些经常看短视频的人，他们更看重的是创意。如果商家的短视频毫无亮点，他们可能会直接选择划走。因此，我们还要想办法让短视频内容更具有创意。比如，可以通过一些创意信息的添加，突显内容的亮点，从而提高相关链接的点击率，促进网络营销的转化率。

1．下载直达

信息流体系模块中常见的按钮设置有两种，一种是查看详情，另一种是"去玩一下"。一些需要引导抖音用户下载 App 的商家，便会设置"去玩一下"或"立即下载"按钮，让用户直达下载界面，从而有效提升网络营销效果。

2．磁贴显示

"磁贴"就是粘贴在抖音短视频上的一种像是小卡片的附件，其实际作用与信息流广告中设置的按钮类似，只是显示的形式有所不同。当然，它与信息流广告中设置的按钮也有一些不同之处，其中比较显著的一个差异就是用户可以直接在抖音视频中去掉磁贴。商家可以通过磁贴，让用户直达某个页面，从而传达重要的营销信息。

视频中磁贴大致可以分为两种。一种是出现在抖音名字上方的小卡片。这种形式的磁贴通常是某些品牌的活动或商品详情按钮，其最直接的目的，就是让用户了解活动信息或为用户购买商品提供便利。另一种是在信息流广告中设置的磁贴，如信息流游戏广告中的磁贴。这种磁贴主要是用来引导用户下载软件或引导用户点击查看相关信息的。

3．电话拨打

有时候用户在看完抖音视频或相关信息介绍之后，心里会有一些疑问。如果商家能够设置"电话拨打"按钮，即可为用户提供一个沟通渠道。

通常来说，"电话拨打"按钮的设置可分为两类。一类是抖音蓝 V 企业号认证成功之后，在抖音主页中设置的"电话拨打"按钮。另一类是进行了 POI（Point of Information，信息点）地址认领的店铺在店铺信息展示界面中设置的"电话拨打"按钮。如图 4-8 所示，该短视频中设置了 POI 地址，❶用户只需点击 POI 地址链接，便可进入店铺信息展示界面；在店铺信息展示界面中会显示📞按钮，❷用户点击该按钮，便可呼叫该店铺设置的号码。

图 4-8　POI 地址中拨打店铺电话

4.2.5　营销复盘

要想成为优秀的营销人员，商家除了要做好网络营销外，复盘也是必不可少的工作。复盘不是简单的总结，而是对你过去所做的全部工作进行一个深度的思维演练，如图 4-9 所示。

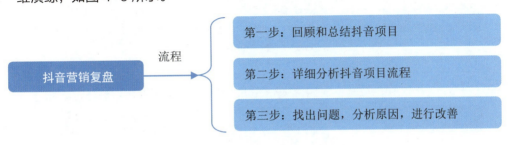

(a)

图 4-9　抖音营销复盘流程和作用

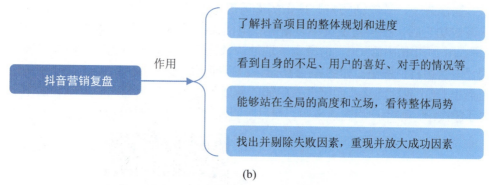

(b)

图 4-9　抖音营销复盘流程和作用（续）

总的来说，抖音的复盘就是分解项目，并在此过程中分析和改进项目的各种营销问题，从而优化最终的落地方案。对于商家来说，复盘是一项必须学会的技能，是个人成长最重要的能力，我们要善于通过复盘来将经验转化为能力，具体的操作步骤如图 4-10 所示。

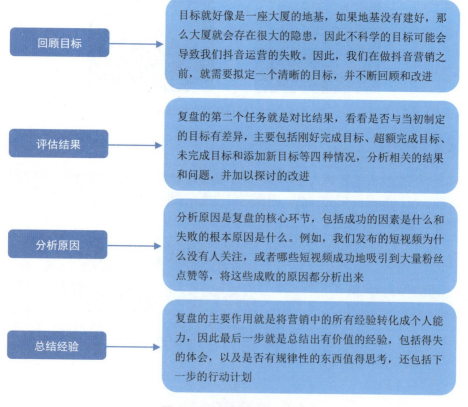

图 4-10　复盘的操作步骤

4.3 快手营销：快速获得高曝光量

当年 4G 移动网络带火了一批短视频应用，快手便是其中的佼佼者，那么对于商家而言，该如何利用快手这个平台进行网络营销？下面进行详细解说。

4.3.1 利用功能进行营销

商家熟悉快手的主要功能，以及它发挥出的作用，有利于网络营销、引流和变现工作的展开。

1．缩略图

与抖音直接停留在短视频界面不同，快手视频缩略图运用了大量的文字色块，并通过双 Feed 瀑布流形式吸引用户，提高点击量。因此，商家可以选择视频里最抓人目光的画面作为缩略图。

2．群聊

快手的社交属性要强于其他短视频软件，比如快手搜索内容后展示的"群聊"功能，可以帮助商家进一步增加粉丝互动和黏性。

4.3.2 两种精准营销方法

从营销内容角度来说，快手的核心主要包括两项：内容和人。

1．内容

机器的 OCR（Optical Character Recognition，光学字符识别）技术虽然可以识别和读取图片，但是还不准确。换句话说，快手单纯靠算法来读取视频内容，以判断它将来是否受欢迎，这个方法现在还不现实。

快手算法是模糊性读取并将视频分成很多类，然后推送给部分快手用户。接着，快手根据反馈分析，进一步扩大视频的传播度。如果该视频传播够大，那么算法会随机挑选一些视频放入快手的"发现"界面。因此，商家在发快手短视频时，可以添加多个话题标签，扩大短视频营销面，提高上"发现"界面的概率，如图 4-11 所示。

2．人

不仅人与人之间需要时间来互相熟悉，连机器也需要时间来了解一个人。在用户刚注册快手时，快手算法会结合他的观看行为和内容，进而推荐更多类似的视频。当然，一个用户拥有的特征越多，算法推荐的视频结果就越精准。从这个层面来说，快手算法需要大量的用户记录和习惯，以建立算法模型，为用户实现精准推荐。因此，为了实现精准营销，商家在拟定视频标题时，应该抓住用户的痛点，实现精准营销。

图 4-11　在标题里添加多个话题标签

4.3.3　多与用户进行沟通

作者随机查看并分析了上百条快手视频，发现大多数商家都没有在评论区互动。不管是偏向秀场的抖音，还是偏向生活记录的快手，用户其实是喜欢被尊重的。如果商家秉持这个理念，用心去回复评论，即可增强用户的黏性，提升网络营销效果。

图 4-12 所示为快手视频的评论区，我们可以看到商家只在评论区点赞，却未在评论区与用户互动。

图 4-12　快手视频的评论区

4.3.4 营销内容质量至上

在快手做网络营销时，如果商家能够创作出足够优质的营销内容，便可以快速吸引到用户的目光，在用户心中建立权威，加强他们对商家的信任度和忠诚度。商家在创作营销内容时，可以运用以下技巧，轻松打造优质营销内容。

（1）做自己真正喜欢和感兴趣的领域。

（2）做更垂直、更差异的内容，避免同质化。

（3）多看热门推荐内容，多思考总结他们的亮点。

（4）尽量做原创内容，不要直接搬运。

4.3.5 立足定位进行营销

精准定位属于快手短视频文案的基本要求之一，几乎每一个成功的营销文案都具备这一特点。图4-13所示为两个女装的广告文案。这两个影响文案的成功之处就在于明确指出了营销对象是小个子女生，因而能快速吸引大量精准用户。

图4-13 两个女装的广告文案

商家要想在快手做精准内容营销，可以从四个方面入手，如图4-14所示。

精准内容定位的相关分析
- 简单明了，以尽可能少的文字表达出产品精髓，保证广告信息传播的有效性
- 尽可能地打造精练的营销文案，用于吸引受众的注意力，也方便受众迅速记忆相关内容
- 在语句上使用简短文字的形式，更好地表达文字内容，也防止受众产生阅读上的反感
- 从受众出发，对消费者的需求进行换位思考，并将相关的有针对性的内容直接表现在文案中

图 4-14　精准内容营销的相关分析

4.4　B 站营销：新兴平台蕴含巨大能量

B 站营销方式相对来说比较多，除了 B 站内部的广告营销、充电计划、悬赏计划、激励计划和课程营销外，商家还可以积极探索站外变现方式，如配合微信公众号进行跨平台营销等。

4.4.1　B 站广告营销

当商家粉丝达到一定数量时，可以通过 B 站视频进行广告营销，比如 B 站某博主就是通过广告营销来推广产品的，如图 4-15 所示。

图 4-15　通过广告变现

4.4.2 充电计划

商家可在"稿件管理"界面里申请加入"充电计划",审核通过后,即可接受 B 站用户的电池打赏。

B 站推出"充电计划"的原因主要有四个。

(1)"充电计划"的推出不会影响普通用户视频观看和弹幕发送的体验。

(2)"充电计划"中的电池打赏全凭用户自愿,没有任何强制性。

(3)"充电计划"旨在鼓励创作原创内容。

(4)"充电计划"旨在保持视频或文章内容的独立性。

商家可以在片尾用"充电感谢""一键三连"等营销词语,暗示用户为商家"充电",如图 4-16 所示。值得注意的是,人民币 1 元即可兑换 10 个 B 站电池,电池的寓意很明显,它能给商家带来更多能量,创作出更多优质的内容。

图 4-16 片尾的营销性词语

4.4.3 悬赏计划

UP 主的稿件如果参与 B 站的"悬赏计划",则该作品下方会对某些商品进行营销推广,如图 4-17 所示。

图 4-17 视频下方的营销推广

4.4.4 课程营销

商家可以将自己的课程设置成付费，B 站用户通过付费来购买课程，获得一些新知识，而商家可以凭借课程营销获得收益，如图 4-18 所示。

图 4-18 课程营销

4.4.5 绿洲计划

B 站推出了"绿洲计划",希望通过这个计划让 UP 主在网络营销和创作中取得平衡,如图 4-19 所示。

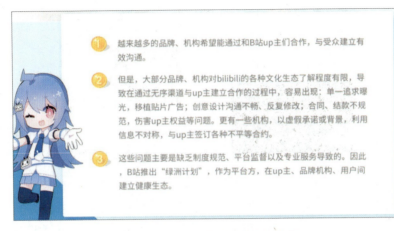

图 4-19 推出"绿洲计划"的背景

UP 主参与这个计划后,不仅能获得与商家合作的机会,而且 UP 主的利益会受到进一步的保护,如图 4-20 所示。

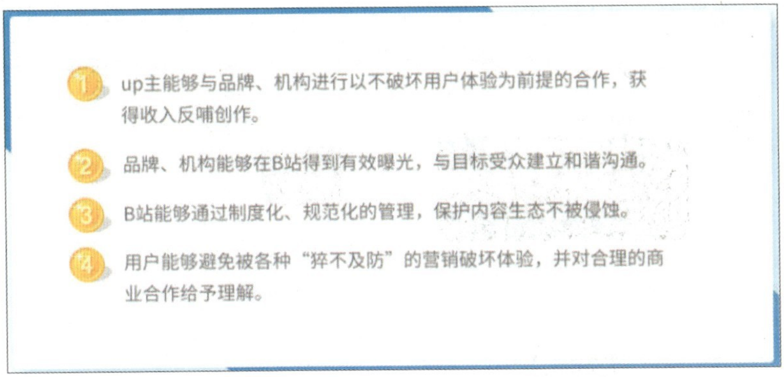

图 4-20 "绿洲计划"目的

4.4.6 跨平台营销

说起 B 站 UP 主通过微信公众号变现,最成功的莫过于某影视博主,他毕业后通过业余时间剪辑影视片段,整理和"吐槽"佳片和烂剧,在 B 站和微信公众号获得上百万的粉丝,如图 4-21 所示。之后,该博主辞职,自己成立公司,成为一名专职的影视博主。

图 4-21　某 UP 主的 B 站账号和微信公众号

该博主通过在多个平台的积累和沉淀，已经建立了一个强大的视频创作团队，有负责剪辑的、有负责文案的、有负责运营的……可以这么说，他创立公司、建立团队、投资小型网剧，这些通过网络营销慢慢实现的。

不过，该博主最成功的是跨平台营销，他在公众号内接入了小鹅通知识付费平台，并在这个平台里建立了一个完整的会员付费体系，如图 4-22 所示。我们可以看出，他的付费会员 99 元一年，这种营销能力可以说是非常强大了。如果是逢年过节，该博主还会推出优惠活动，吸引更多粉丝购买年费会员或专栏套餐。

图 4-22　某 UP 主的会员付费

当然，99 元对于部分人来说可能太贵，或者说某些用户只喜欢某个专栏，于是该博主还推出了付费专栏，来解决这部分粉丝的痛点。

第 5 章
音频营销：用亲切感带来巨大收益

> **学前提示**
>
> 音频内容的传播适用范围非常广泛，人们能够在任何悠闲时刻收听音频节目，音频营销相比其他网络营销模式来说，更能满足人们的碎片化需求。在本章中，将为大家介绍音频营销相关的内容与技巧，帮助商家用声音吸引客户，获得实际收益。

5.1 新兴平台：音频营销的三种方式

音频营销是一种新兴的营销方式，它主要以音频为内容的传播载体，通过音频节目运营品牌和推广产品。随着移动互联的发展，以音频节目为主的网络电台迎来了新机遇，与之对应的音频营销也进一步发展。音频营销具有以下两个特点。

（1）闭屏特点：闭屏的特点能让信息更有效地传递给用户，这对品牌、产品推广营销而言更有价值。

（2）伴随特点：相比视频、文字等载体而言，音频具有独特的伴随属性，它不需要消耗视觉上的精力，只需双耳在闲暇时收听即可。

5.1.1 内容中植入广告营销

内容植入是网络营销推广中常用的方式，音频内容中植入广告的方式却有些不一样的地方。用户能在开车、散步等多种场景中收听音频节目，因此音频广告效果要比平面广告、视频广告好得多。除了用户在收听接受上的方便外，音频的广告植入效果主要受以下因素影响，具体如图5-1所示。

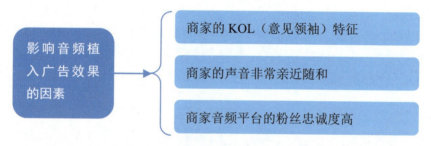

图5-1 影响音频植入广告效果的因素

5.1.2 创建音频自媒体营销

相比建立微信公众号和开通官方微博，商家搭建自己的音频自媒体平台，也是一种很好的拓展营销渠道方式，对于推广品牌和提高粉丝黏性具有积极效果。当然，商家建立音频电台要结合自身特点，来选择合适的电台定位和发展方向，具体可参考以下几种类型。

（1）知识攻略型。

（2）达人互动型。

（3）幽默搞笑型。

（4）活动传播型。

（5）美文疗伤型。

5.1.3 通过专题节目营销

策划专题节目指的是商家通过专题节目来促进营销，它在粉丝参与度方面比例相对较高，也是不常用的一种音频营销形式。图 5-2 所示为完整的音频专题节目营销需要经历的 3 个阶段。

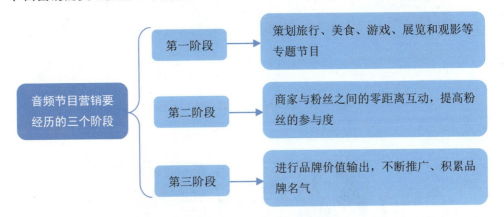

图 5-2 音频专题节目营销经历的 3 个阶段

内容植入、自媒体搭建和专题节目策划这三种核心的音频营销方式，可以有很多形式的创意玩法。商家可以根据公司和产品的情况，选择一种或多种方式灵活运用，发挥出音频营销的潜力。

5.2 具体分析：常用的音频营销平台

在各种移动场景中，单纯的视频节目很难满足用户的碎片化需求，而原本显得没落的音频节目恰好能作为用户碎片化需求的补充。接下来，将为大家详细介绍几个常用的音频营销平台，让大家更为了解音频营销。

5.2.1 喜马拉雅 FM

喜马拉雅 FM 是国内顶尖的音频分享平台，用户可以在平台里上传、收听各种音频内容，它支持手机、电脑和车载终端等多种智能终端。喜马拉雅平台官网首页的热门推荐有三个热门音频节目，商家可以与喜马拉雅进行合作，将自己的音频节目置顶，获得更大的营销曝光度，如图 5-3 所示。在每个热门分类下，还有平台推荐的音频节目，这也是商家应该注意的营销入口，如图 5-4 所示。

喜马拉雅平台上有很多不同种类的音频节目，具体包括有声书、音乐、娱乐、相声评书、儿童、资讯、脱口秀、情感生活、历史、人文、教育培训、英语、广播剧、戏曲、电台、健康养生、旅游、汽车、动漫游戏以及电影等多种节目类型。

图5-3 喜马拉雅首页热门推荐界面

图5-4 喜马拉雅热门分类下的推荐节目

在喜马拉雅首页有榜单入口,如热播榜、新品榜和付费畅销榜,如果商家的营销产品能通过此榜单展示出来,必定能获得不少的关注,如图5-5所示。

图5-5 喜马拉雅"有声书"分类中的音频节目

商家还可以在自己或别人的音频节目的弹幕和评论区发送营销信息，获得更多用户的关注，实现网络营销的目标，如图 5-6 所示。

图 5-6　在弹幕和评论区发送营销信息

商家可以与喜马拉雅合作推出相应的活动，吸引用户和主播积极参与活动，让他们有机会获得丰厚福利，顺势为自己的品牌做营销推广。图 5-7 所示为某品牌在喜马拉雅平台上推出的"拯救上火计划"的营销活动。

图 5-7　某品牌在喜马拉雅平台上推出的"拯救上火计划"营销活动

5.2.2 蜻蜓 FM

蜻蜓 FM 是一款强大的广播收听应用，用户可以通过它收听国内、海外等地区千个广播电台。蜻蜓 FM 相比其他音频平台，具有诸多功能特点，如图 5-8 所示。

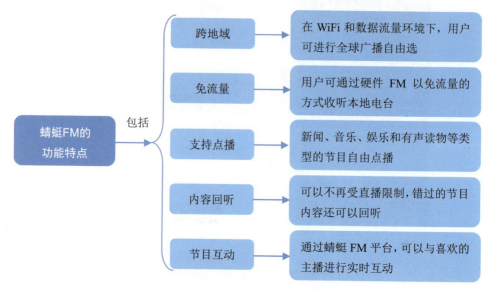

图 5-8 蜻蜓 FM 的功能特点

蜻蜓 FM 的内容分类十分丰富，包括小说、音乐、相声小品、脱口秀、情感以及历史等多种类别，它为商家的营销推广提供了多样性发展的可能，如图 5-9 所示。

图 5-9 蜻蜓 FM 的内容分类页面

商家应该充分利用用户碎片化需求，通过蜻蜓音频平台来发布产品营销信息，音频成本比较低廉，十分适合本地中小企业或商家做网络营销。图 5-10 所示为某些企业或商家发布的房价信息。

图 5-10　某些企业或商家发布的房价信息

下面以某品牌为例，具体分析蜻蜓 FM 的音频营销操作及效果。我国的儿童穿戴市场已经进入快速发展阶段，加之各种高科技的加持，儿童穿戴设备已成为集娱乐、教育和安全守护于一身的热门产品。在这种背景下，某品牌选择与蜻蜓 FM 合作，开始涉及音频营销领域，推出了少儿有声绘本《拯救精灵村 Kido Go!》，如图 5-11 所示。

图 5-11　少儿有声绘本《拯救精灵村 Kido Go!》

在少儿有声绘本《拯救精灵村 Kido Go!》上架蜻蜓 FM 的同时，蜻蜓 FM 积极配合该品牌进行营销，通过平台中的多个渠道对该品牌旗下的产品进行了营销推广，如图 5-12 所示。

图 5-12　精准投放营销广告

5.2.3　听伴 FM

考拉 FM 在完成 A+ 轮投资之后，正式升级为听伴 FM，它在智能车载领域名声极高，其最大的优势在于个性化音频引流，在聚集了大批粉丝的同时，逐步实现商业化运作。听伴 FM 要进驻直播领域，其推出的直播功能，主要服务于行业大事件的现场直播，比如演唱会、发布会、电影节以及娱乐明星专访等，如图 5-13 所示。

图 5-13　听伴 FM 的主播界面

听伴FM还提供认证服务，商家直接登录平台，直接在个人中心点击"设置"按钮进入设置界面；点击"主播V认证"按钮，即可进入相应界面申请认证，如图5-14所示。

图5-14　经过认证才能进行直播

听伴FM的价值点除了移动客户端外，它深耕的领域便是车载。2019年，它曾与某知名车企进行合作，推出了全新的听伴FM——品牌电台。具体来说，品牌电台是一个定制的智能化车载音频平台，车企可以通过该平台，面向广大车主传递品牌传播、活动直播和生活资讯等多种营销内容，如图5-15所示。

图5-15　品牌电台

对于商家而言，通过听伴 FM 的品牌电台进行音频营销，主要有以下几个好处。

（1）车载环境是一个封闭环境，比如车主在开车听音频广播或节目时插入相关营销广告，触达率比其他形式的营销更高。

（2）通过品牌电台，商家所需要展现的营销内容往往更有温度，也更容易博得车主的信赖。

（3）通过听伴 FM 独家的 AI 技术，商家的营销广告能更精准触达人群。

5.2.4 荔枝 FM

在音频营销渠道中，荔枝 FM 无疑是一个值得商家关注的语音直播平台。在这个平台上，用户不仅可以收听各种优秀的电台节目，更重要的是，就如其宣传语"人人都是主播"一样，它是一个支持在手机终端推出自媒体电台的平台。同时，荔枝 FM 打造了一条从节目录制到一键分享到各社交平台的完整的生态链。

商家要想进入荔枝 FM 平台的节目录制界面，只要在默认界面点击"我的"按钮，进入"我的"界面，然后选择要推出的节目类型"录声音"或"开直播"，即可开启节目录制，如图 5-16 所示。

图 5-16 进入荔枝 FM 的节目录制界面

可见，商家如果选择荔枝 FM 这一音频渠道进行运营，可以通过创建音频自媒体的方式来实现网络营销目标。

其实，相比建立微信公众号和开通官方微博，商家搭建自己的音频自媒体平台，也是一种很好的拓展营销渠道的方式，对于推广品牌和提高粉丝黏性具有积极效果。当然，商家在荔枝FM平台上建立音频自媒体平台时，有些问题也要多加注意，如图5-17所示。

图5-17　商家在荔枝FM平台上建立音频自媒体平台要注意的问题

如果是资金相对雄厚的商家或企业，还可以联合荔枝FM开展跨界营销。例如，某零食品牌曾就与荔枝FM开展过以说唱为主题、年轻化为特点的跨界营销活动，当时荔枝FM就将此活动海报放在App首页，如图5-18所示。

图5-18　跨界营销活动海报

第 6 章
自媒体营销：占领全新的营销制高点

学前提示　随着自媒体平台的兴起，信息资讯的传播变得更为迅捷与丰富，这种信息传递对于网络营销而言意味着巨大潜力，能爆发出强大的营销力量。本章将为大家介绍自媒体营销相关的内容，帮助进行网络营销的广大商家掌握这一新时代的营销利器。

6.1 初步认识：自媒体营销相关的概述

当社会信息化进入移动智能时代时，每个人都可以成为信息的传播者，信息的发布越来越简易化、平民化和自由化，自媒体便应运而生。近几年，自媒体的发展如火如荼，用户数量庞大且活跃程度高，在进行品牌或产品推广时，商家都会格外重视自媒体领域。

自媒体传播中，我们总是能因为一些消息而狂热讨论，也希望自己的发言能得到别人的关注和认同，并且自媒体营销还存在非常可观的利益前景和商机，这使自媒体深受追捧。

6.1.1 什么是自媒体

随着互联网的不断发展和进步，越来越多的人开始对互联网产生极大的兴趣，尤其是这两年，随着自媒体的不断发展壮大，更是让很多人看到了创业的先机，也让很多原本很普通的人开始了自己的创业之旅，并在短时间内实现了自我价值的飞跃。

自媒体平台上涌现出了一大批的草根网红，他们不但收获了大量粉丝，最重要的是通过自媒体平台赚取了大量的收益。

什么是自媒体？通俗一点来说，自媒体就是个人媒体，是区别于传统媒体的一种新兴的媒介形式。也就是说，人人都可以成为媒体。自媒体的"自"有着两层含义，具体说明如下。

（1）"自"代表的是人人都可以发声，可以借助互联网发表言论和观点。

（2）"自"代表着自媒体人拥有着更大的话语空间和自主权。

自媒体这个概念其实是相对于传统媒体来说的，那么什么是传统媒体呢？我们最熟悉的电视台和各种报纸杂志等，这些都属于传统媒体。相对传统媒体而言，自媒体更亲民，更加具有个性化特征。对于普通人而言，通过自媒体更容易赚钱，更容易逆袭，实现阶层的跨越。这些优势吸引了一波又一波的自媒体人，并且为之疯狂。

如果说传统媒体是一个高冷的白富美，那么自媒体就是一个温柔可人的邻家小妹，它没有传统媒体的高门槛、高标准和权威性等特点，取而代之的是一种大众化、平民化和个性化的全新面貌。

说得再简单通俗一点，我们平时在今日头条上看到的文章和视频、在朋友圈看到的别人转发的文章、在快手上看到的视频或直播、在喜马拉雅上听到的音频节目等，就是由自媒体人创作出来的。这里提到的今日头条、快手以及喜马拉雅等，我们称为自媒体平台。自媒体相较于传统媒体，它具有以下特点。

（1）门槛低，运作方便。

文字工作者只要有一台电脑或一部手机就可以是一个自媒体人，甚至能成为一个非常优秀的自媒体人。

（2）形式多样化。

自媒体内容的形式有很多种，图文、视频、音频、图片、直播和问答等。无论你擅长什么，在这里总能找到展现自身价值的平台。

不仅自媒体平台形式很多样化，现在的自媒体平台也有很多，比如我们常见的今日头条、百度百家、大鱼号、趣头条和腾讯开放平台等，这些都被称为有收益的自媒体平台。也就是说，只要自媒体人在这些平台上面发布内容，就可以直接拿到平台的广告费分成。

那么，什么样的人适合做自媒体呢？或许在大众的印象中，只有长得很帅很漂亮、口才特别好、文笔特别好或非常能写文章的人才能做自媒体。但事实并不是这样的，自媒体的特点是大众化和个性化，只要你输出优质内容，就可以入驻这些自媒体平台成为自媒体人。

如果你有某一方面的特长、绝活或兴趣爱好，可以以自己的爱好为出发点，利用自媒体平台来展现自己的才华，赚取收益，实现名利双收！甚至有些人会问："你说的这些能力我都没有，可是我就是想通过自媒体来赚钱，可以吗？"

这个问题的答案是肯定的，以作者所见，自媒体培训班学员里有老板、医生、厨师、老师、情感导师、发型师和宠物店老板等，他们来自各行各业，从事着自己的本职工作，但他们依然通过自己的努力，在自媒体平台上分享心得和经验，吸引众多粉丝，同时赚取平台大量广告收益分成。

6.1.2 自媒体的优劣势分析

自媒体作为大家讨论的热门话题，变得越来越大众化，那么做自媒体行业究竟有哪些优势和劣势呢？下面就为大家做具体分析。

1. 自媒体的优势

自媒体优势是非常明显的，它主要体现在曝光量大、能够盈利等方面。

1）曝光量大

商家或自媒体人可以通过自媒体平台的曝光，一下子就能拥有几万，甚至几十万的粉丝，比如"口红一哥"，他通过直播带货出现在大众视野中，从彩妆师变成了网络主播，其抖音号已拥有4000多万粉丝，这就是自媒体曝光量大的体现。

2）能够盈利

一旦自媒体人受到大众关注之后，商家可以与之合作，给他发放营销软文或产品。除此之外，商家也可以将自己打造成自媒体人，用自己的影响力进行商业变现，自媒体能够获得高盈利的特点是很多商家"心向往之"的原因。

3）打造个人IP

个人IP的打造不是发个图文或者动态就能形成的，"网红"在没"火"之前也无法打造个人IP，等他（她）"火"了之后就可以打造个人IP，其中原因很简单，个人IP必须是要有众多粉丝或有影响力的自媒体才可以打造的。

4）权重特别高

权重是通过各个平台的平台指数反映的，如原创度、健康度以及与粉丝的互动程度，等这些指数都提高了之后，权重就会越来越高。

论坛的权重相对来说是比较低的，而在自媒体平台发布的文章比较完整，无论是通过标题，还是内容，都有更多的机会被用户关注。

2．自媒体的劣势

自媒体平台的劣势，也和它的优势一样，都取决于自媒体平台的特点。相对于自媒体优势的直观性，它的劣势更为隐蔽，甚至是以一种漏洞的形式存在。从自媒体平台的特点看它的劣势，如图6-1所示。

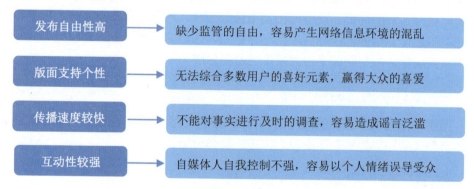

图6-1　从自媒体平台的特点看劣势

自媒体平台的其他劣势主要表现在商家的能力上，比如账号管控技术能力、吸粉能力和文章原创能力等，如图6-2所示。

自媒体平台虽然高度地自由自主，但从另一方面看，商家是在孤军奋战，如果不能做到全方面技能的精通，那么他将常常面临捉襟见肘的情况。一个人的智慧总是比不上集体智慧，个人自媒体向团队自媒体升级是一个解决该问题的捷径。

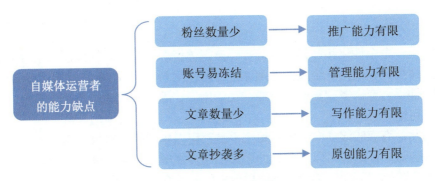

图 6-2 自媒体平台运营者的能力缺点

6.1.3 常见内容误区

随着移动互联网时代的到来,各种营销信息也随之泛滥,太多垃圾信息混杂了进来,占据大众的视线和时间。商家要想让自己的内容能吸引读者阅读,避开内容创作的误区是关键的。自媒体营销平台需避开两大误区,具体介绍如下。

1.无创新

商家创作内容的目的其实只有一个,那就是为了获取更多粉丝的关注,在文字中当中植入品牌信息,也是为了借助粉丝推销产品。据了解,有99%的商家把自己的平台的内容编写成了路边的宣传单。

如果商家的自媒体内容都是千篇一律的,没有新意,没有趣味,没有实用价值,用户群是不会关注的,商家预想的宣传效果也就无法实现。

2.太烦琐

自媒体平台推送信息的到达率还是很高的。因此,商家乐此不疲,推送过多的信息,造成轰炸之势,以为这样能博取用户的眼球。实际上,这些商家忽略了阅读率,用户群体虽然收到了这些平台的消息,但并不会全部点开查看。

过多的信息只会让用户心烦,让他们产生逆反心理,不去翻阅,导致商家的很多消息并没有被用户真正地接受。

6.2 做好准备:如何做好自媒体营销

运营自媒体的准备工作是为自媒体营销做准备,其中准备工作包括平台、人脉和推广的准备。"万事俱备,只欠东风",这些基本操作准备决定了商家今后的长效发展。在人人都可以运营自媒体的时代,运营自媒体需要的不是热血,而是谋划,商家可以结合自身的优势条件,做好打一场硬仗的准备。

6.2.1 选择可靠平台

这是一个个性化和多元化的社会，自媒体世界也是如此，现在几乎每个人都是自媒体用户，任何一个大型自媒体平台的使用者都是以"亿"为单位来衡量，万一其他平台有许多欣赏你文章或视频的用户，而你却只深耕于一个平台，这岂不是很可惜？

因此，商家应该多向发展，每个平台都可以申请一个账号。商家在主要平台上把内容做好，然后可以借助辅助平台拓展传播渠道，这样既不浪费精力，还能网罗更多粉丝。下面对部分自媒体平台进行简单介绍，如图6-3所示。

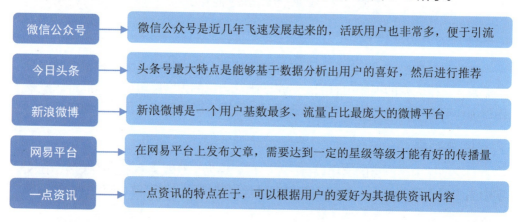

图6-3 不同的自媒体平台

6.2.2 掌握大量人脉

人脉是资源，是朋友，是导师，是方向，同时也是途径。人脉可以是一切，或者说人脉可以给你想要的一切帮助，这样一个道理放在任何一个行业里都是适用的，在商业化的自媒体营销中更是如此。

圈内好友人脉

商家找到自己的定位之后，兴趣相投和志向相同的业内小伙伴就会自觉聚拢在一起，这些站在同一高度的朋友可以成为彼此的人脉。下面以图解的方式对发展圈内好友人脉的好处进行分析，如图6-4所示。

商家要多向业内的成功人士请教和学习，要学会站在巨人的肩膀上去看问题和解决问题，这样运营自媒体才会达到事半功倍的效果。对于商家而言，有一个自媒体大咖朋友是很有激励作用的。下面用图解的方式对发展圈内人脉的好处进行分析，如图6-5所示。

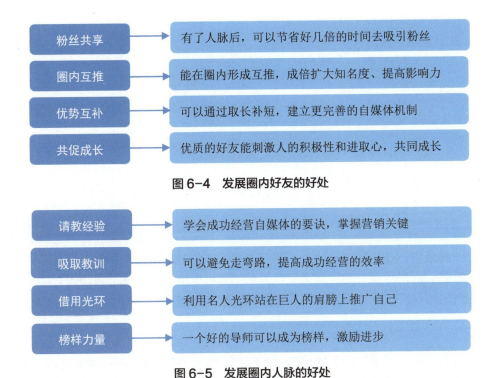

图 6-4 发展圈内好友的好处

图 6-5 发展圈内人脉的好处

俗话说："朋友多了路好走。"而人脉多了渠道也就多了，商家如何有效地找到圈内朋友和导师，并建立人脉关系？主要有两种方法：第一，搜索类型相同的自媒体账号，与对方多沟通多联系，建立良好的关系；第二，搜索圈内"红人"的账号，多点赞和评论对方，维持彼此欣赏的状态。

专家提醒

三人行必有我师，不论是圈内好友还是圈内大咖，一定都有某一方面是值得你去学习的。商家需要广泛发展人脉，并保持谦虚的态度向人脉多的前辈学习，将人脉的价值最大化。

6.2.3 进行自我推广

推广是自媒体营销的核心要素之一，也是自媒体营销中的所有操作准备的攻坚阶段。推广就像是一个水瓶的瓶盖，之前的平台积累和人脉积累都是这个水瓶里的水，推广做不好，瓶盖打不开，里面的水就倒不出来，一切准备全都成了无用功。下面以图解的方式对自媒体推广的重要性进行分析，如图 6-6 所示。

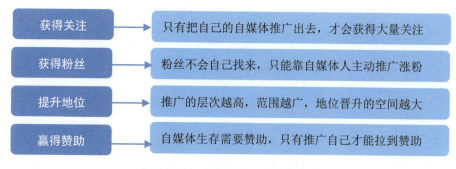

图 6-6　自媒体推广的重要性

6.3　头条号营销：扩大影响力的四大技巧

一般来说，在自媒体平台上，所有的营销工作基本上都是围绕着粉丝和内容来进行的，而内容在一定程度上又是为网络营销做准备的。本节将重点介绍头条号的营销和推广技巧，帮助商家获得更多粉丝的关注。

6.3.1　大数据实现精准营销

精准营销主要是借助大数据的分析能力，将用户群体按照一定的分类方式进行分类，从而使产品更有针对性。在今日头条平台上，精准营销的基础就是大数据，一般包括阅读数据、关注数据和其他数据，基于这些数据，系统可将用户群体按照一定方式进行分类，可实现解析用户需求的目标，从而创作内容。

用户流量的网络表现就是数据，所以头条号的内容营销与大数据是紧密相连的。大数据的出现影响了市场的环境，也就促使头条号进行相应改革，如图 6-7 所示。

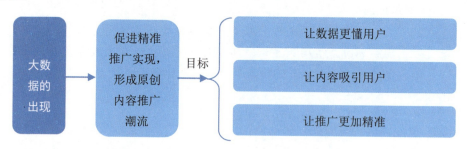

图 6-7　大数据对内容营销影响的相关分析

在头条号营销中，大数据的分析功能至关重要，数据能够给我们最好的答案。通过"内容营销＋大数据"的模式，可以运用智能推荐算法和消费者画像数据等，对接消费者的需求和爱好。如大家熟知的某计划就是头条号与某商城联合推出的内容精准化推广的案例。

某商城是一个知名的电商平台,而今日头条则是一个产生内容的自媒体平台,他们联合推出了一个计划,如图 6-8 所示。

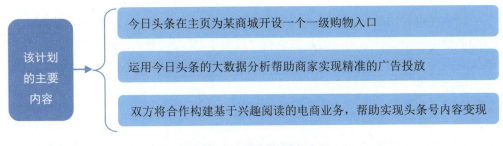

图 6-8 计划主要内容

该计划融合了"电商+大数据+内容营销"等新商业趋势,而且这也只是一个开始,其中还充满了更大的想象空间,值得商家挖掘。

6.3.2 好口碑实现自发营销

口碑推广顾名思义就是一种基于商家品牌和产品信息在目标群体中建立口碑,从而形成"辐射状"扩散的网络营销方式。在互联网时代,口碑营销更多地是指商家品牌或产品在网络上或移动互联网上的口碑推广。

口碑自古首先乃是"口口相传",其重要性不言而喻,就如某国产手机,它凭借超高的性价比,造就了高层次的口碑形象,从而在人们之间快速传播开来。如今有不少的商家,想要将口碑营销与内容推广相结合,企图进一步打造商家口碑,想要通过内容来打造一个好口碑,那就需要做到 4 点,具体内容如下。

1. 角度新奇

人们往往对新奇而有趣的事,会更愿意去关注和分享,内容营销也是如此,一篇有趣的文章总会引起用户的好奇,引发用户传播,所以当商家在策划口碑营销计划时,可以从新奇角度考虑。

2. 刺激心弦

不管是哪一种类型的用户,都会有一根敏感的心弦,只要商家用营销内容刺激到了人们的心弦,产生共鸣,就能拉近与用户的距离,从而影响到用户,自然而然地形成口碑营销效应。

3. 关联利益

用户最关心的就是自己的利益,所以如果商家能够以用户利益为出发点,让用户从营销内容中感受到自己能受益,那么自然就会受到消费者的拥戴,口碑传播也就自然而然地形成了。

4．内容真实

商家在进行口碑营销时,绝对要杜绝虚假的宣传,否则,虽然这种做法能在短期内获得不少的注意力,但是总会有"东窗事发"的时候,当消费者发现"挂羊头卖狗肉"的情况后,就会带着谩骂,甚至失望地离商家而去,这就会大大损害商家信誉度,口碑营销自然就无法成功。

6.3.3 事件实现有效转化

事件营销就是通过对具有新闻价值的事件进行操作和加工,让内容中的这一事件继续得以传播,从而达到实际的广告效果。事件营销能够有效地提高商家或产品的知名度和美誉度等,优质的营销内容甚至能够直接让商家树立起良好的品牌形象。

在实际应用中,由话题引导的事件推广往往具备多种其他渠道所不具备的特点,如图 6-9 所示。在将话题转为自身品牌建设之后,就可以通过不同的渠道进行影响力拓展,尤其是今日头条这样的自媒体渠道。

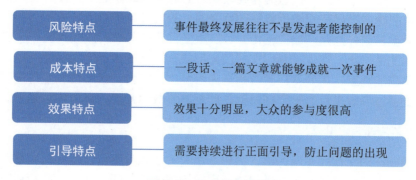

图 6-9　事件推广的特点

6.3.4 包装——两大方法,增加额外曝光度

要实现内容营销,商家首先就要学会包装内容,给内容带来更多的额外曝光机会。在作者看来,商家给内容进行包装的方法有以下两种。

1．借助明星光环

借助拥有大量粉丝的明星和"大V"博主之手,可以促进头条号内容营销,来实现更好的营销效果,至于其优势,如图 6-10 所示。

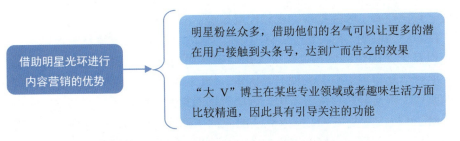

图 6-10　借助明星光环进行内容营销的优势

商家可以通过将内容与明星某些特点相结合，然后凭借明星的关注度，来吸引消费者的眼球，这是内容营销惯用的手法。

2．进行强强联合

在这个移动互联网时代，每个用户使用的移动平台媒介都不同，根据自身的习惯，有的人喜欢用微博分享信息，有的人喜欢用 QQ 聊天，有的人喜欢逛贴吧，有的人喜欢看视频……

正是因为移动端的繁杂性和人们使用习惯及行为的不同，才导致单一的内容营销很难取得很好的效果，因此，商家可以和商家进行强强联合，制造出一个更强的运营圈和区域。

6.4　大鱼号营销：专业营销推广三部曲

商家要想让自己的营销内容被更多人看到，让自己的账号被更多人关注，还需要进行运营推广。这里主要介绍 MCN 经纪公司营销技巧、把握热点技巧，以及粉丝营销技巧。

6.4.1　MCN 营销，更为专业

MCN，是 Multi-Channel Network 的缩写，MCN 模式来自于国外成熟的网红运作，是一种多频道网络的产品形态，基于资本的大力支持，生产专业化的内容，以保障变现的稳定性。

MCN 运营类似经纪公司，通过将一系列的商家联合起来，给予更多资本支持，来提升他们的营销、谈判和商业化等能力，从而保障他们持续创作优质的内容，最终实现稳定的商业变现目标。

1．初步了解，大鱼 MCN

大鱼号推出了 MCN-MP，该平台主要针对 MCN 机构用户，拥有入驻、登录、管理和邀约子账号等权限。MCN-MP 平台的主要功能包括成员邀约、成员

管理、数据查看、收益提现、视频代发布等。

注意，入驻的 MCN 经营范围需与自媒体、广播电视、影视节目制作、影视策划以及艺人经纪领域有关，个人用户无法申请大鱼 MCN-MP 平台。MCN-MP 平台涉及管理、财务和税务等因素，MCN 机构在入驻时还需要提供营业执照的照片，平台会对其进行审核，审核时间通常为两周。

MCN 机构需要按 MCN 入驻注册流程正确填写资料，保证资料真实有效，并签署相应的授权书。MCN 机构成功入驻后，需要在首页内完成 5 个子账号的签约任务，否则会受到禁止代收一个月的处罚，如果后续签约账号数仍不足 5 个，则平台会继续追加处罚。

2. 与 MCN 签约的技巧

当商家收到 MCN 账号发出的邀请申请时，可以进入站内信页面查看相关的通知，同时还会在 MCN-MP 后台出现"MCN 合同"管理入口，这些渠道都可以查看 MCN 机构发来的邀约，同时还能选择是否接受该 MCN 合约。

与 MCN 签约时，商家需要注意以下事项。

（1）MCN 邀约的子账号必须通过实名认证。

（2）MCN 邀约的有效期只有 15 天，过期会自动失效。

（3）如果商家已经签约了 MCN 机构，则在签约合同结束前，无法再签约其他的 MCN 机构。

MCN 机构在制定绑定子账号的合约时，能够自主设置签约的能力和时长。

（1）能力：大鱼 MCN-MP 平台提供一种可选能力和两个必选功能。

- 可选能力：收入提现，能够为对应的子账号实现"视频收益代收"和"图文收益代收"功能。
- 必选功能：包括内容代理和数据分析两个概念，能够为对应的子账号实现"内容代理发布"和"查看该账号数据"功能。

（2）时长：合约时间最短需达到 3 个月，从子账号接受邀约时开始计算的生效时长。

> **专家提醒**
>
> 收益代收是指子账号签署了具备"收入提现"能力的 MCN 合约后，子账号在平台上的收入会直接打入母账号的账户余额中。

6.4.2 推广营销，把握热点

商家需要了解各种大鱼号的运营推广技巧，如平台活动推广、热点借势营销等，让自己的账号做引流、推广时变得更加轻松。

1. 紧跟活动，提升热度

大鱼号的后台经常会发布一些跟运营者创作内容相关的活动，主要分为以下三大类，如图6-11所示。

图6-11 大鱼号后台活动

例如，优酷推出《明日之后第三季》时，大鱼号发布了相关的有奖征文活动，活动时间为2020年11月6日至2020年11月26日。商家可以登录大鱼号后台，在"活动约稿"界面中选择"优酷《明日之后第三季》有奖征文"活动广场入口进行投稿，活动宣传图如图6-12所示。

图6-12 优酷《明日之后第三季》活动宣传图

商家通过参与这些活动，不仅可以让自己的营销内容获得更多流量曝光，而且符合话题的优质原创内容还有机会获得现金奖励。例如，在优酷《明日之后第三季》活动中，一等奖可以获得3000元/人的奖金。除此之外，商家参与活动还可以获得栏目品牌露出和更多网络营销机会。

商家可以在大鱼号后台的通知信息、Banner和公告内容中查看热门活动信息,也可以关注平台独播剧和独播综艺节目,预测有可能成为热点的活动,并提前准备好营销素材,及早抓住热点,从而提高自己的营销能力。

2. 关注时事,盯住热点

除了紧跟大鱼号后台的相关热门活动,来策划内容进行营销推广外,商家还可以跳出大鱼号后台,去寻找更多热点,具体包括以下3个途径,如图6-13所示。

图 6-13 盯住热点的途径

商家可以制作一个详细的热点活动日程表,在活动来临之前提前准备好营销素材,快速抓住节日热度,让自己的营销内容快速升温,成为平台上的爆款,以及别人模仿创作的模板。

如果商家抓不到热点,也可以从各种热搜榜中查找能够跟自己营销内容相匹配的热点。图6-14所示为优酷热搜榜,包括热门搜索、剧集、综艺、电影、动漫以及少儿等内容榜单,商家可以直接在优酷首页单击"热搜榜"按钮进入。

图 6-14 优酷热搜榜

另外,商家也可以关注一些自己喜欢的活动,如足球、篮球和综艺节目等,从自己擅长的角度出发来创作内容,让内容自带流量属性。同时,商家还需要及时关注各种自媒体平台的发展动向,在热点到来时能够快速做出反应,紧抓爆点,让自己的大鱼号得到更多曝光度。

6.4.3 粉丝营销，提升数量

大鱼号的粉丝运营包括"涨粉"和"活粉"两个部分，"涨粉"的目的，是提升粉丝数量，让更多人关注你的大鱼号；而"活粉"的目的，则是提升粉丝的活跃度，增进大鱼号和粉丝之间的黏性。

这里主要介绍大鱼号"涨粉"的相关技巧，具体包括站内、站外和线下3个渠道，帮助运营者提升大鱼号的权重。

1. 站内吸粉，平台推广

站内吸粉是指利用大鱼号本身的平台渠道进行推广，来达到"涨粉"的目的。大鱼号站内吸粉主要有以下3种方法。

（1）设置关注语。运营者可以在自己的文章内容下方加入一些关注语，来提醒用户关注自己。如果用户没有在文章结尾看到这句话，可能他不会有去关注你的意识。

（2）设置欢迎语。欢迎语可以将自己的大鱼号为用户带来的价值呈现出来，有效引导潜在粉丝关注。

（3）系列化内容。运营者可以在大鱼号中创作联系性的系列文章或视频内容，如类似电视连续剧中的第一集、第二集等，或者课程目录的入门篇、精通篇和高级篇等，吸引粉丝持续关注你的大鱼号。

2. 站外吸粉，线上推广

除了大鱼号本身的平台推广功能外，运营者还可以在微博、微信、QQ空间、钉钉和今日头条等互联网渠道推广自己的大鱼号，吸引站外的粉丝关注。

例如，运营者在发微博的时候，可以在结尾处加上引导关注大鱼号的话术，吸引微博平台的粉丝关注自己的大鱼号。再例如，运营者可以将大鱼号的内容转发到自己的微信朋友圈，引导微信好友关注，如图6-15所示。

总之，只要是可以写文章和发视频的互联网平台，商家都可以在这些平台为自己的大鱼号进行引流。当然，有些平台对于推广文章比较反感，因此商家在引流时要尽量利用软文的形式，在潜移默化中吸引粉丝关注你。

3. 线下引流，更多渠道

大鱼号的线下引流渠道包括商家个人的人脉圈、会议推广、地面推广以及定制化的网络营销等方式，尽可能利用自己的各种渠道资源来推广大鱼号。

图 6-15 将内容转发到微信朋友圈吸粉

例如，定制化的网络营销这种方法主要是在各种宣传广告中植入大鱼号的账号或二维码，感兴趣的用户在看到广告内容后，通常会扫码来关注大鱼号的最新动态商家，可以参考以下几种方法进行操作，如图 6-16 所示。

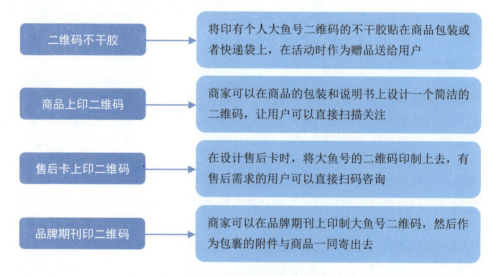

图 6-16 定制引流的参考方法

虽然这些渠道可能营销效果都不大，但商家也不能忽视它们，只要坚持不懈，这些线下渠道也能通过日积月累，为你的大鱼号带来巨大的流量。

第 7 章
直播营销：面对面提升用户好感度

学前提示　直播具有即时性、互动性和面对面的特点，对商家或主播积累人气、推广品牌等有很大的作用，因此商家或主播了解直播营销的知识技巧是相当重要的。

本章将为大家介绍直播营销相关的内容，帮助主播提高营销能力，获得更多粉丝关注。

7.1 营销本质：注重人与人的互动

在"千播大战"中的直播行业面临着激烈的竞争，相统一的规模架构使得直播行业不得不逐渐回归初心，并朝垂直领域发展，提供纵深的服务。

从营销本质上看，关注点又回到了人与人的互动上，具体可以表现在两个方面：细化的用户标签以及利用"用户及时消费心理"销售产品。

7.1.1 细化用户标签，以差异化内容引流

细化用户标签，主要体现在对用户进行分层，例如对用户进行分级。图 7-1 所示为用户分层的方式。

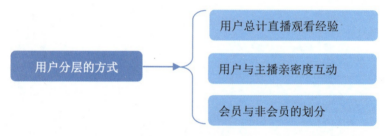

图 7-1 用户分层的方式

直播平台根据用户直播观看经验总计，可以设置用户的经验等级，依照经验等级的不同，可以为用户设置不同等级的权限。图 7-2 所示为哔哩哔哩（B 站）会员不同等级权限介绍。

特权与等级	Lv0	Lv1	Lv2	Lv3	Lv4	Lv5	Lv6
滚动弹幕	×	√	√	√	√	√	√
彩色弹幕	×	×	√	√	√	√	√
高级弹幕	×	×	√	√	√	√	√
顶部弹幕	×	×	×	√	√	√	√
底部弹幕	×	×	×	√	√	√	√
视频评论	×	×	√	√	√	√	√
视频投稿	×	√	√	√	√	√	√
购买邀请码	×	×	×	×	×	1个/月	2个/月

图 7-2 哔哩哔哩（B 站）会员不同等级权限介绍

这里以 B 站为例，刚注册成功时，用户是不可以发送弹幕的，需要通过答题测试，通过后可成为 Lv1，但只能发送滚动弹幕。图 7-3 所示为 B 站前三个会员等级详情说明。当然，直播平台也会设置相应的提升经验的方式。图 7-4 所示为 B 站的经验增长方式。

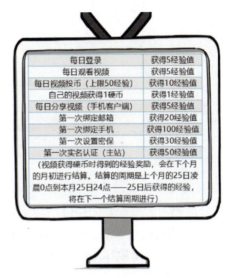

图 7-3　B 站前三个会员等级详情说明　　图 7-4　B 站的经验增长方式

关于用户与主播亲密的互动值，平台也会设置相应的等级划分，如根据用户对主播进行的打赏数值进行守护等级设置，图 7-5 所示为虎牙平台主播守护等级说明。

1、成为TA的守护者，你将享有以下特权哦：

守护等级与特权	守护等级 V0	守护等级 V1-V11	守护等级 V12-V519	守护等级 V520+
尊贵专属贵宾席	✓	✓	✓	✓
守护者专属图标	🛡	🛡	🛡	🛡
每日进入直播间领取银豆	✗	5000 银豆	10000 银豆	10000 银豆

1）若守护到期前没有续费，则直接失去守护身份，再次开通守护将按首次开通计算；
2）守护等级只会增加，不会降低，若守护到期前进行续费，则看剩余的守护时长，如果续费后剩余守护时长小于当前守护等级，则显示当前等级，如果续费后剩余守护时长大于当前守护等级则显示续费后的等级。

图 7-5　虎牙平台主播守护等级说明

对于用户，还可以通过会员充值，享受不同的观看特权，例如哔哩哔哩，可以充值大会员,成为 B 站大会员后可享有四个特权。图 7-6 所示为 B 站大会员的内容特权和装扮特权。

图 7-6　B 站大会员的内容特权和装扮特权

平台依照不同规则对用户进行细化分类,用户也可以根据自己的不同需求,选择自己的权限,这样细化的用户标签,有利于网络营销以及打造差异化的内容,同时也可以帮助商家增加用户黏性,满足不同用户群体的不同需求,针对不同用户进行个性化推荐。

7.1.2　利用"用户即时消费心理"销售产品

无论是短视频还是直播中,用户都是通过观看具体内容直接下单,这样便捷的购买方式正是利用了"用户及时消费心理"来进行销售。

除此之外,"用户及时消费心理"还体现在限时、秒杀价这些标签的直播中,主播可以利用限量的数量方案和限时的优惠价格,吸引用户消费。

1. 限量商品直播

限量商品直播可以是独家款,例如高端定制品牌的服饰,还可以是限量优惠的产品,也可以是在资源少的情况下进行制作的服装,商家口中的"最后几件特卖清仓"就属于限量特惠。

2. 限时商品直播

限时商品和限量可以是相交融的,但也可以是在直播间限时优惠,直播结束后恢复原价,这也是限时商品直播。总而言之,无论是限量还是限时,都会促使用户即时消费。这里举一个简单的例子,在淘宝双十一直播上,我们可以看到某些主播就会在直播间里推出限时优惠券,如图 7-7 所示。

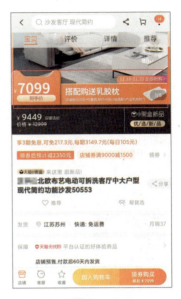

图 7-7　直播间里推出的限时优惠券

7.2　提高竞争力：成为产品营销之王

在直播营销中，主播的作用和影响也是关键的，例如在服装直播中，外表颜值较高的主播会具有较强的竞争力，年轻的时尚女性是服装购买用户中的主力军。美的事物，更能吸引用户进行点击，这一点，在蘑菇街平台挑选颜值较高的女性作为主播条件上有所表现。

除此之外，具有竞争力的直播并不仅仅依靠主播的颜值，还与销售重点的转变、直播关系的转变、直播技术的提升有关。

7.2.1　从"货品"营销转向"内容"营销

在直播中，将原来销售关系中的重点"货品"的营销转变为"内容"的营销，直播的"内容"主要可以分为直播间标题诱惑力和主播直播的能力两种，下面将进行详细解读。

1．直播间标题诱惑力

图 7-8 所示为淘宝的电商直播，其标题为"主播 C 位赛，犀利福利"，主要利用了"C 位"标签，与时下最热门的综艺节目热点相关联，吸引用户的观看和点击。图 7-9 所示也是淘宝的直播，直播名称直接利用综艺选秀的名称，标题为"青春有你，元气少女"，这些直播标题都与时下热点相关联，借助热点的

热度，吸引用户。

图 7-8　直播标题案例 1

图 7-9　直播标题案例 2

2. 主播直播的能力

主播在直播营销中可以进行"内容"的添加，例如在营销的同时让用户获得额外的收获，就像在美妆品牌的直播销售中，主播利用产品给用户试妆，进行演示，让用户在购买的同时，学习化妆的技巧；还有的商家也会进行发型以及穿搭的示范，如图 7-10 所示。

图 7-10　妆容示范和穿搭示范

除此之外，具备良好的专业素养也是优质主播的特性，例如在直播中能迅速找到直播产品的特性，并且进行针对性营销，推动直播产品销售量。电商直播中，与用户沟通的很可能只是主播而不是商家。因此，主播在直播中具有重要作用，这也导致了商家在直播合作中，更倾向于与头部主播进行合作。

7.2.2 聚焦于"从人到人"的社交圈

新型电商直播，主要是"从人到人"的社交关系，可以从两个方面进行理解。

（1）由用户从使用的感受中或者使用后，推广分享给新的朋友圈用户，例如拼多多直播的小红包，就是利用用户的朋友圈进行传播，用户通过分享，获得小红包，进而增加更多的 App 使用者。

（2）其次，也可以体现在主播与用户之间的关系，主播在直播过程中，会获得人气以及粉丝，主播可以通过粉丝的经营，获得更多的粉丝，而且主播与粉丝之间的关系，也是"从人到人"的社交圈。

在直播中的互动也是人际交往的一种体现，所以直播中，重点是人，而不是商品，销售的是服务，营销的也是人，整个营销的重点是如何获得用户的信任和提高复购率，以及提升品牌影响力，促进产品价值变现。

7.2.3 形成以粉丝利益为核心的观念

主播或者店家获得粉丝后，整个销售过程中，都是以粉丝利益为核心。下面主要从明星同款和明星互动进行说明。

1．明星同款

在电商直播中，店家可能会邀请一些明星参与直播，在这个直播中，粉丝可以通过购买产品与明星使用同款，在这个过程中，可以让粉丝在使用产品上与明星之间的距离更近。当然，也有许多主播在直播间会邀请一些明星，共同直播，如图 7-11 所示。

图 7-11　邀请明星共同直播

2．明星互动

在直播中，关键的是用户可以与主播进行互动。某些明星进行直播时，粉丝可以与明星进行交流，增强明星与粉丝之间的亲密度。因此在明星的直播间内，不光可以满足粉丝与主播使用同款，还可以让粉丝与明星进行沟通。

7.2.4　使用 VR、云技术等增强用户的体验

VR、云技术等高科技技术可以促进用户的直播体验，例如在电商直播中，可以利用高科技，让用户在直播中，进行云试衣，或者体验妆效，这样可以让用户在线上进行使用，提升用户的购买体验。图 7-12 所示为试水 VR 直播的案例。不过，相信随着技术的发展，总有一天能让 VR 直播得到普及。

图 7-12　试水 VR 直播的案例

7.3　直播营销：快速吸粉引流有秘诀

直播营销不仅能为主播带来成交量和利益，它还能实现流量增长，使得直播营销形成一个闭环。

本节将为大家介绍直播中的营销引流、营销优势和营销误区。

7.3.1　营销引流：提供优质内容

利用直播进行营销，内容往往是最值得注意的。只有提供优质内容，才能吸引用户和流量。结合多个方面综合考虑，为创造优质内容打下良好基础，接下来我们将从内容包装、互动参与、情景诱导、突出卖点、快速分发、创意营销、用户参与、真实营销、增值服务、专业讲述和内容创新等方面讲述如何提供优质内容。

1. 内容包装

对于直播的内容营销来说，它终归还是要通过盈利来实现自己的价值。因此，内容的电商化非常重要，否则难以持久。要实现内容电商化，首先要学会包装内容，给内容带来更多的额外曝光机会。

例如，专注于摄影构图的主播就发布过一篇这样的预告文章："《流浪地球》人像构图，高票房电影原来是这么拍出来的！"。通过将内容与影视明星某些特点相结合，然后凭借明星的关注度，来吸引消费者的眼球，这是直播内容营销惯用的手法。

2. 互动参与

内容互动性是联系用户和直播的关键，直播推送内容或者举办活动，最终的目的都是为了和用户交流。

直播内容的寻找和筛选对用户和用户的互动起着重要的作用，内容体现价值，才能引来更多粉丝的关注和热爱。而且，内容的质量不是从粉丝数的多少来体现，和粉丝的互动情况才是最为关键的判断点。

3. 情景诱导

直播内容只有真正打动用户的内心，才能吸引他们长久地关注。也只有那些能够留驻与承载用户情感的内容才是成功的。在这个基础上加上电商元素，就有可能引发更大更火热的抢购风潮。

不论直播内容是平淡如水的，还是精彩纷呈的，又或是惊喜不断的，它们都不是用最简单的方式拼凑出来的，而是需要提前筹划布局，做好万全准备，产品的功能用户才最终展现在用户面前。简单地说，就是主播或商家不仅要告诉用户产品名称，还要将产品的功能向用户巧妙展示出来。

4. 突出卖点

如今，是一个自媒体内容盛行的时代，也是一个内容创作必须具有互联网思维的时代，更是一个碎片化阅读，要爱就要大声说、要卖就要大声卖的年代。

尤其是做直播内容电商，如果没有在适时情景下表达卖点，连怎么卖、哪里卖的问题都没有解决的话，可以断定这样的直播内容注定无法吸引用户的关注。

此外，内容电商不是简单的美文，也不是纯粹的小说，更不是论坛上无所谓的八卦新闻，它的作用就是达成销售。所以，如何激发读者的购买冲动，才是直播内容创造唯一的出路。

5．快速分发

在计算机和生物界，"病毒"都是一种极具传播性的东西，而且还具有隐蔽性、感染性、潜伏性、可激发性、表现性或破坏性等特征。在直播营销中，病毒式营销却是一个好的方式，它可以让企业的产品或品牌在不经意中通过内容大范围传播到许多人群中，并形成"裂变式""爆炸式"或"病毒式"的传播状况。

例如，"你比想象中更美丽"是由某著名女性品牌发布的一部视频短片。据悉，该视频推出不到一个月，就收获了 1.14 亿的播放量和 380 万次转发分享，同时该品牌账号还因此获得了 1.5 万个 YouTube 订阅用户。

该品牌在全球范围内容做相关的调查，得出一个惊人的结论：54% 的女性对自己的容貌不满意。因此，在"你比想象中更美丽"视频中，塑造了 FBI 人像预测素描专家这么一个人物。他可以在不看对方容貌的情况下，只通过女性自己的口头描述便可以描绘出她们的素描画像。然后，Gil Zamora 再通过其他人对同一位女性的印象再画一张画像。通过将这两张画像对比，Gil Zamora 发现同一个女性人物在其他人眼中远远要比在自己眼中更漂亮。

动人心弦的视频内容，再加上病毒式营销手段，并将视频翻译成 25 种不同的语言，通过 YouTube 下面的 33 个官方频道同步播放，其内容很快扩散到了全球 110 多个国家，使该品牌获得了巨大的成功。

6．创意营销

创意不但是直播营销发展的一个重要元素，同时也是必不可少的"营养剂"。互联网创业者或企业如果想通过直播来打造自己的品牌知名度，就需要懂得"创意是王道"的重要性，在注重内容质量的基础上更要发挥创意。

一个拥有优秀创意的内容能够帮助企业吸引更多的用户，创意可以表现在很多方面，新鲜有趣只是其中的一种，还可以是贴近生活、关注社会热点话题、引发思考、蕴含生活哲理、包含科技知识和关注人文情怀等。

对于直播营销来说，如果内容缺乏创意，那么整个内容只会成为广告的附庸品，沦为庸俗的产品，因此企业在进行内容策划时，一定要注重创意性。

7．用户参与

让用户参与内容生产，这不仅仅局限于用户与主播的互动，更重要的是用户真正地参与到企业举办的直播活动中来。当然，这是一个需要周密计划的过程，好的主播和优质的策划都很重要。

8．真实营销

优质内容的定义也可以说是能带给用户真实感的直播内容。真实感听起来很容易,但透过网络这个平台再表现,似乎就不用那么简单了。首先,主播要明确传播点,即你所播的内容是不是用户所想要看到的,你是否真正抓住了用户的要点和痛点。这是一个相当重要的问题。

举个例子,你的用户群大多都是喜欢美妆、服装搭配的,结果你邀请了游戏界的顶级玩家主播讲了一系列关于游戏技巧和乐趣的内容,那么就算主播讲得再生动,内容再精彩,用户都不会感兴趣,你的直播也不会成功。

9. 增值服务

很多优秀的主播在直播时并不是光谈产品,要让用户心甘情愿地购买产品,最好的方法是提供给他们产品增值内容。那么,主播如何提供增值内容呢?这里大致可分为3个角度,如图7-13所示。

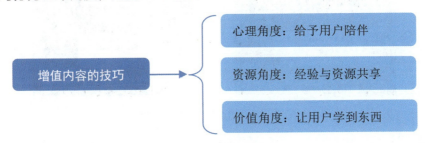

图7-13 增值内容的技巧

最典型的增值内容就是让用户从直播中获得知识和技能。比如天猫直播和淘宝直播在这方面就做得很好。例如,淘宝直播中的一些化妆直播,一改过去长篇大论介绍化妆品成分、特点、功效、价格以及适用人群的老旧方式,而是直接在镜头面前展示产品,边涂口红边介绍产品,如图7-14所示。

这样的话,用户不仅通过直播得到了产品的相关信息,而且还学到了护肤和美妆的窍门,对自己的皮肤也有了系统的了解。用户得到优质的增值内容自然就会忍不住想要购买产品,直播营销的目的也达到了。

10. 专业讲述

自从直播火热以来,各大网红层出不穷,用户早已对此感到审美疲劳。而且大部分网红的直播内容没有深度,只是一时火热,并不能给用户带来什么用处。

因此,很多企业使出了让CEO亲自上阵这一招——CEO亲自上阵直播会让用户对直播有更多的期待。当然,一个CEO想要成为直播内容的领导者,也是需要具备一定条件的。这里将其总结为3个方面,如图7-15所示。

CEO上阵固然能使营销内容更加专业化,可以吸引更多用户关注,但同时也要注意直播中的一些小技巧，让直播营销内容更加优质。

图 7-14　边涂口红边介绍产品

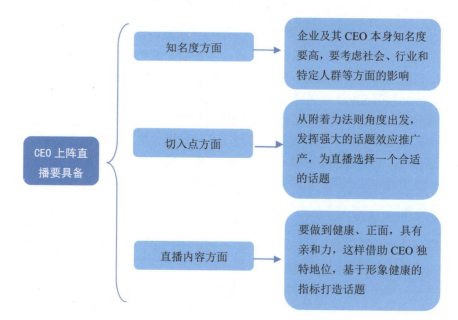

图 7-15　CEO 上阵直播要具备的条件

11. 内容创新

"无边界"内容指的是有大胆创意的，不拘一格的营销方式。比如平时常见的有新意的广告，某些品牌的广告内容中没有产品的身影，但表达出来的概念却让人无法忘怀。由此，我们可以看出"无边界"内容的影响力之深。

现在很多主播做直播时，营销方式大多都比较死板，其实做直播也应该创新，多多创造一些"无边界"的内容，吸引人们的兴趣。

例如在淘宝直播中有一个专门卖电子产品的主播就十分有创意。该主播的直播内容以《王者荣耀等手游面临下架，竟因这个》为题，这让人很难想到这家店铺是为了卖电脑等产品而做的直播。

很多人都以为这是一个日常的直播，没想到后来竟弹出了相关产品的购买链接，而且直播中还讲述了一些与游戏相关的知识，不看到产品链接根本无法联想到是电子产品的营销。

这样无边界的直播内容更易被用户接受，而且会悄无声息地引发他们的购买欲望。当然，主播在创造无边界的内容时，一定要设身处地地为用户着想，才能让用户接受你的产品和服务。

7.3.2 营销优势：促进用户互动

虽然直播营销还处在初级的摸索阶段，但直播的互动性营销优势已经成为共识。一般而言，大家对直播的互动印象主要为打赏、发弹幕和送礼物。而这里将围绕直播的实时互动性，来介绍一些直播营销的优势。

1. 增强用户的参与感

直播营销过程中，如果只是主播一直在介绍产品，那么用户肯定会觉得枯燥无味，离开直播间，甚至会取消对主播的关注。这时，就应该大力发扬直播平台本身的交互优势，主播一定要及时与用户互动，这样才会带动用户的参与，增强用户的参与感。比如，在展示商品的同时与观看者进行交流沟通，及时回应用户提出的问题。

例如，在淘宝直播中，有一位主题为"懒人必备自加热小火锅"的食品直播，在直播中，用户可以提出对产品的各种疑问，然后主播对其进行解答，比如用户可以提问："小龙虾优惠多少？"除此之外，如果用户觉得主播的产品很实用，还可以关注主播，或者送礼物给主播。

用户在直播中获得了自己想知道的信息，大大增强了参与感，已经不能和单纯的观看直播相提并论，这也使得直播营销的业绩不断提升，直播间人气也不断高涨。

2. 加强企业品牌黏性

加强企业品牌黏性也是直播的营销优势之一，而加强企业品牌黏性又需要根据用户的需求来进行直播。很多企业也需要向那些人气高的主播学习直播的技巧，他们之所以得到众多用户的喜爱和追捧，原因就在于他们懂得倾听用户的心声，并实时根据用户的需求来直播。那么企业具体要怎样倾听用户的需求呢？可以将其要求总结为3点：把握用户心理、及时做出反馈和对直播进行调整。

3. 应用大众从众心理

在直播营销中，不仅有主播与用户的互动，也有用户与用户之间的互动。比如，用户之间用弹幕进行交流，谈论产品的性价比等。

用户在进行交流的同时，会产生一种从众心理，从而提高购买率。因此在直播时，直播界面还时不时弹出"某某正在去买"这样的字眼，如图7-16所示。其目的就在于应用用户的从众心理，吸引他们去购买产品。

图7-16 直播界面显示"某某正在去买"

7.3.3 小心谨慎：雷区要注意

主播在进行直播营销时，往往容易走入依赖第三方、自建平台、盲目从众、擅自经营、侵犯他人和逃税等误区，下面将进行具体分析。

1. 依赖第三方

很多商家因为看准了第三方直播平台的用户数量多和流量大，所以常常借助泛娱乐直播平台进行直播营销。实际上这种做法是非常不可取的，因为对于商家而言，这些第三方直播平台的用户与商家并不完全对口。

因此，商家在某些小众平台进行直播的话，换来的只是表面上的虚假繁荣，犹如"泡沫经济"，并不能实现营销效果。此外，网络环境也是利用第三方直播平台进行直播的一个问题。一般大型发布会现场的网络信号时常不稳定，而移动网络就更不用说，将会严重有损于用户的观看体验。

因此，商家在利用直播宣传时，可以通过与专业的直播平台展开合作，充分利用其成熟的技术，就能解决直播中卡顿的问题，让直播更加顺畅。

2. 自建平台

有些商家会为了营销而自建直播营销平台，这虽然保证了用户的精确度，但增加了营销成本，不是最佳选择。其实，如今成熟的视频直播解决方案平台已经在市场上崭露头角，他们提供专业的帮助。

3. 盲目从众

视频直播不仅仅是一个风靡一时的营销手段，还是一个能够实实在在为商家带来盈利的优质渠道。当然，商家要注意的是，不能把视频直播片面地看成是一个噱头，而是要大大提高营销转化的途径。

特别是对于一些以销售为主要目的的商家而言，单单利用网红造势，还不如直接让用户在视频直播平台中进行互动，从而调动用户参与的积极性。

比如，某直播平台联合家具行业的周年庆进行直播，用户不仅可以在微信上直接观看直播，并分享到朋友圈，还可以在直播过程中参与抽奖。这种充满趣味性的互动，大大促进了用户与品牌的互动。

4. 擅自经营

当下网络视频直播大热，各种直播经营者一拥而上，面对直播行业巨大经济利益的诱惑，许多经营单位未经过许可就擅自经营从事网络表演等活动。这在法律上来说，已经涉及了违规经营和超范围经营，按照相关法律法规，文化部门和工商部门都有权对其进行查处。

5. 侵犯他人

在直播内容方面，存在侵犯他人肖像权和隐私权的问题。比如一些网络直播将商场或人群作为直播背景,全然不顾别人是否愿意上镜,这种行为极有可能侵犯他人肖像权和隐私权。

自从视频直播逐渐渗入人们的日常生活,用户已经没有隐私,成了别人观看的风景或他人谋利的工具。用户可以通过某些直播平台,观看不同地方的路况、商场等场景,甚至连生活场景都可以看到。

隐私权关键有两方面。第一,隐私权具有私密性的特征,权利范围由个人决定;第二,隐私权由自己控制,公开什么信息全由个人决定。

当我们处在公共领域中时,并不意味着我们自动放弃了隐私权,可以随意被他人上传自直播平台。我们可以拒绝他人的采访,也有权决定是否出现在视频直播中,因为我们在公有空间中有权行使我们的隐私权。

6.逃税暗礁

对于视频直播这个行业,利润的丰厚是众所周知的。很多主播也是看中了其中的高收入,才会蜂拥而上。

据说,人气火爆的主播月薪上万很普遍,再加上直播平台的吹捧,年薪甚至会达到千万。虽然作者没有从事这个职业,也不敢确定这个数据是否真的如此,但就算将这个数据减掉一半,那也是相当可观的。

这样可观的收入就涉及缴税的问题,比如某些明星也会出现逃税的问题。逃税也可能会构成刑事犯罪,如果主播逃税,不仅对其自身,而且对整个直播行业也会造成极其恶劣的影响。

7.4 营销技巧:让用户无法拒绝你

一个商品,如果仅仅是通过图片、文字等方式传播和转化,往往难以达到惊喜的效果,而且这种营销方式很有可能随着技术和人们生活方式的改变和发展而逐渐失去部分优势。因此,利用直播的方式进行营销可以说具有非常实用的价值,那么如何在直播间中进行营销呢?本节将讲述一些直播营销技巧,帮助主播提升粉丝关注量。

7.4.1 守护主播:吸引和沉淀新粉丝

主播要想在直播间维护好粉丝,可以在直播间标题上进行暗示,在直播间内进行粉丝群的宣传。那么如何促进粉丝入群呢?可以通过以下这几个方法。

(1)气氛引导:如果直播间的主播过于沉闷,则无法调动用户的积极性,更加无法促使粉丝加群,因此主播需要通过互动提高直播间氛围,例如关键词抽奖。图7-17所示为主播进行关键词抽奖的直播间。气氛活跃成功后,可以利用发红包等方式吸引粉丝入群。

图 7-17 关键词抽奖

另外，对于刚进入直播间的用户，主播还可以对新进直播间的用户表示欢迎，让用户觉得自己受到重视，进而选择停留观看。

（2）网络流畅度：卡顿或者画面延迟等直播画面问题的产生会给用户带来不太舒适的观看体验，进而影响粉丝的心情，因此想要沉淀新粉丝，流畅的画面也是必不可少的。选择合适的直播设备以及稳定的网络，可以为主播确保直播画面的流畅度。

（3）观看画面效果：这里的画面效果指清晰漂亮的效果展示，例如直播间的灯光、主播的服饰以及直播间的背景等。

直播的灯光要足够明亮，这样更有利于体现产品的展示效果；直播间的背景可以选择单一干净的背景，也可以在背后放置一些带货产品的展示。

吸引新粉丝入群后，主播需要管理好粉丝群，例如设置管理员，并且要加强线下的交流以及沟通，可以在群内分享一些最新的活动和最近的生活等。

7.4.2 智能回复：快速响应粉丝要求

智能回复有以下 3 种常用的回复类型：第一种是粉丝输入关键词到直播界面内就可以得到自动回复的内容；第二种是粉丝进入直播间后，会自动邀请粉丝关注自己；第三种是主播被粉丝关注后对粉丝的自动感谢回复。设置智能回复，是希望主播能够及时与粉丝进行互动和沟通，也方便粉丝获取所需要的信息。

作为直播销售，主播在直播间回复的内容有以下 3 种常见类型。

（1）主播信息回复：主要是向观众或粉丝回复主播身高和体重这种信息。顾客在购买服装前，会向主播询问他的身高和体重，作为自己穿着尺码的参考。而现在更多的主播是直接把这类信息显示在直播界面，如图 7-18 所示。

图 7-18　直播间里的主播个人信息

（2）商品信息回复：当主播开始展示下一件服装商品时，如果有粉丝想再了解一下主播前面试穿的产品资讯时，就可以点击直播界面左下角的宝贝口袋后，选择感兴趣的产品，点击看讲解即可进行直播回放，如图 7-19 所示。

图 7-19　产品直播回放

（3）优惠信息回复：主播可以在个人资料里的直播优惠栏填写相关的优惠内容。这样在用户问及优惠信息的时候，即使当主播有事离开直播间，或者忙于产品展示时，也可以把信息自动回复给粉丝，如图 7-20 所示。有的主播也会设置小助手，对用户进行优惠券领取提醒，如图 7-21 所示。

图 7-20 优惠信息回复

图 7-21 优惠信息提醒

7.5 技巧提升：营销与推广相结合

在进行直播营销推广之前，主播要做好直播营销方案，这样才能按部就班、循序渐进地执行直播的宣传推广工作。本节主要讲述直播营销的方案与宣传引流的方法等，以提升主播的人气和影响力。

7.5.1 营销方案的五个要素

在制定直播营销的方案之前，主播需要弄清楚直播营销方案的必备要素有哪些，这样才能做好方案内容的整体规划。一般来说，直播的营销方案主要有五大要点，具体内容如下。

（1）直播营销目的。

直播营销的方案内容首先要具备的第一个要素就是确定好营销目的，主播需要告诉参与直播营销的工作人员，我们直播的营销目的是什么。例如双十一电商节将至，某电脑品牌为了提高新品预售的销量和扩大产品品牌的口碑影响力，于是在淘宝直播平台进行产品营销直播，如图 7-22 所示。

（2）营销内容简介。

直播营销方案需要对直播营销的主要内容进行概括，包括直播营销的主题、直播营销的形式和直播营销的平台等。

图 7-22　某电脑品牌的产品营销直播

例如，2020 年 11 月 26 日，某厂商举行 Note 系列手机 5G 新品发布会的直播，直播发布会的主题为"三剑齐发"。图 7-23 所示为淘宝平台上关于 Note 9 手机新品抢购的内容简介。

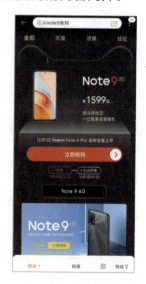

图 7-23　手机新品抢购详情

（3）营销人员分工。

直播营销方案需要安排好直播营销工作的人员分配，比如渠道的寻找、内容的制作和推广的执行等。只有落实好直播营销工作的人员安排，才能确保直播营销的顺利进行和圆满成功，也才有可能取得预期的营销效果。

（4）把控时间节点。

在直播营销的推广过程中，要规划好直播营销的时间节点，一般而言，时间节点包括两个部分，一个是直播的整体时间节点，包括直播的开始时间和结束时间等；另一个是直播营销的每个步骤环节的时间节点。直播营销的时间规划有利于保证直播营销工作的按时进行，减少主观因素导致的工作延期。

（5）控制成本预算。

在直播的营销方案中，主播要估算好直播营销活动的成本大概有多少，以及自己可以承受的预算是多少，只有弄清楚这些问题，才能评估直播的营销效果和后期带来的收益。

7.5.2 直播营销方案的执行

主播要想确保直播营销方案的落实和执行，就需要参与直播营销的各工作人员对直播营销的工作内容胸有成竹。直播营销方案的执行规划主要有以下3个方面，如图7-24所示。

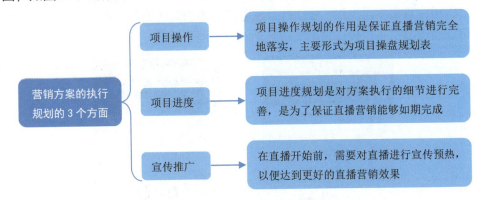

图7-24 直播营销方案的执行规划

7.5.3 宣传引流的四种方法

关于直播营销的宣传和推广，作者根据自身的经验，总结了以下几种常见的引流方法。

（1）硬性广告宣传。

硬广告是我们原来最常见的广告营销手段，它是指直接介绍商品以及服务内容的传统广告形式。像电视广告、广告牌和杂志广告等都属于硬广告。硬广告是以强制手段强迫受众接受，使得绝大多数人很反感，特别是网络上打开网页时自动弹出的广告。虽然硬广告具有传播速度快等优点，但是其缺点更加明显，硬广告的缺点有以下几点：

- 费用昂贵，广告投入的成本高。

- 数量过多且滥,同质化很严重。
- 渗透力比较弱,时效性比较差。

在采用硬广告的引流手段进行直播营销时,要注意尽量避免硬广告的缺点,发挥其优势,这样才能取得直播营销的效果。

(2)视频引流方式。

相较于文字图片的宣传推广方式来说,视频引流的传播效果会更好,因为视频的表达形式更加直观明了和生动形象,也易于被用户所理解。在现在这个快节奏时代,用户已经不太愿意,也不太可能花很多时间来了解你所写的内容,所以越来越多的主播开始利用视频进行推广和引流。

(3)直播平台引流。

在各大直播平台上,一般都会有"推送"或"提醒"的功能设置,在正式开始直播之前,可以将开播的消息直接发送给关注主播的粉丝们。这样做既能在直播平台进行预热,提高直播间的人气,吸引更多关注;又能利用这段时间做好直播的各种准备工作,如直播硬件设备的调试,以便达到直播的最佳状态。

以京东直播平台为例,受众可以在主播直播的预告页面点击"提醒我"按钮,即可设置提醒,平台会在直播即将开始时发送消息提醒,如图 7-25 所示。

图 7-25 直播预告的提醒功能

(4)社区问答引流。

利用社区平台进行引流也是一种常用的营销推广方式,主播可以通过在这些平台上选择相关的问题进行回答,然后在答案中巧妙地留下自己的联系方式或直播链接。这样做既帮助了用户,又可以把流量引入到直播间,可谓一举两得,这也是软文推广的形式之一。常见的社区问答网站有百度贴吧、百度知道、百度经验、天涯论坛和知乎问答等。

第 8 章
论坛营销：通过问答形式造成影响

> **学前提示**
>
> 　　相较于其他类型的网络营销方式，论坛营销和问答营销是相对高明的，在回答对方提问的过程中，商家就已经将营销信息巧妙地表达出来，有一种"润物细无声"之感。
> 　　在本章中，将从多个平台出发，简略地为大家介绍论坛营销与问答营销的相关内容。

8.1 常见论坛：让帖子快速火起来

在互联网的社交平台中，网络虚拟论坛因为开放性和高黏性等特点，在活跃度和话题方面都保持着比较高的人气。利用论坛的优势，商家可通过发布帖子积累影响，带动论坛用户往客户方向转变。本节作者主要介绍论坛营销和常见的论坛平台。

8.1.1 辅助搜索引擎营销推动用户互动

论坛的用户人气是商家进行网络营销的基础。商家可以通过图片和文字等内容，与论坛用户交流互动，这也是辅助搜索引擎营销（Search Engine Marketing，SEM）的重要手段。

图8-1所示为论坛平台在SEM上具有的优势，这些优势进一步增强了商家的营销推广能力，使得论坛营销内容更为丰富。

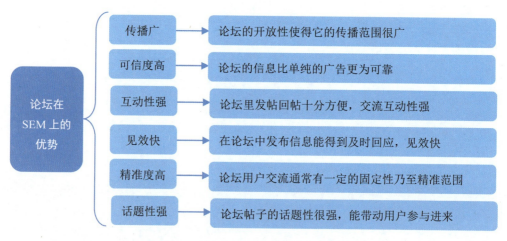

图8-1　论坛平台在SEM方面的优势

8.1.2 推动社群运营推广的因素

论坛可以说是一个有共同兴趣和话题的社群，因而商家的运营推广主要是针对有共同兴趣爱好的论坛用户。商家的论坛运营推广，需要注意一些关键之处，具体如下。

（1）推广团队：推广团队能长期坚持下去，并具备专业素质，这是论坛营销的核心。

（2）话题营销：商家可以通过话题性强的内容，促进论坛用户的交流。

（3）引导回帖：商家可以引导论坛中帖子的内容往积极方面发展。

（4）内容更新：商家应该经常更新论坛中帖子的内容，保持帖子活力。

8.1.3 培养意见领袖以塑造权威

在论坛中培养意见领袖,能在很大程度上带动其他用户参与,从而引导潜在用户关注商家正在营销的产品。图 8-2 所示为商家培养意见领袖进行推广的几个步骤。

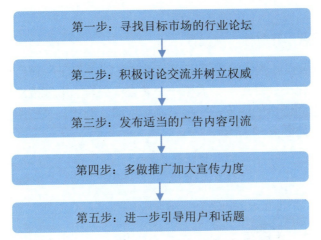

图 8-2 商家培养意见领袖塑造品牌的几个步骤

8.1.4 促进营销推广的发帖类型

商家论坛营销最主要的是发帖推广,通过内容恰当的帖子来引导话题,带动潜在用户的积极参与和进一步引流。

图 8-3 所示为在论坛发帖推广的主要类型。

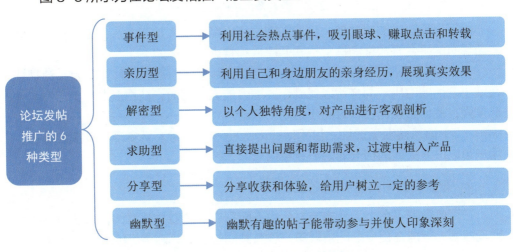

图 8-3 论坛发帖推广的 6 种类型

8.1.5 以原创为核心的百度贴吧

百度贴吧作为一个以用户原创内容为核心的论坛平台,积累了庞大的用户群体。这为成为连接者创造了先决条件。所以,百度贴吧从2013年底开始平台化,邀请商家和品牌入驻,基于用户关注话题进行细分的各种主题"吧"来开展论坛营销。

1. 平台特点:开放性+便捷性

与BBS论坛强调整体的交流不同,百度贴吧是基于兴趣点的拓展。各大版块下分类非常细化——针对一个人和一个关键词兴趣点就能建立贴吧,用户能轻而易举地找到志同道合的朋友,一起交流和互动。例如,某些用户为动漫角色建立了百度贴吧,如图8-4所示。

图8-4 某动漫角色的百度贴吧

除了兴趣这一要素之外,百度贴吧之所以能吸引大批人关注,主要还是因为其所具有的平台开放性和信息搜索便捷性等特点,具体如下。

(1)百度贴吧的开放性。该特点让百度贴吧成为理想的社交平台,让那些喜欢小众话题的用户同样可以找到志同道合的人。同时,在百度贴吧上用户黏性非常强,他们愿意花费长时间在贴吧中活动。

(2)信息搜索便捷性。当用户在网上搜索信息时,又多了一条搜索路径,用户可以进入关键词相关的贴吧查看信息。

2. 聚集有共同兴趣和话题的人

在百度贴吧平台上,从主流文化中不断裂变出的亚文化群体,只需要一个关键词搜索,就能在百度贴吧中聚集一群有共同想法、兴趣爱好的人,一起畅谈对话题的看法，进而一起寻求对话题的不解之谜，一起创造出其他的话题。

在这样的情况下，百度贴吧本身依靠社群成员的广泛参与度完成了自我进化过程，同时也使得不断裂变的亚文化群体不得不留在了平台上。并且，百度贴吧从来不是一成不变的，而是随着社群的不断壮大，社群成员的兴趣也是可以随时调整的。

3．商业价值逐渐加大的推广平台

当百度贴吧聚集了大量年轻用户，影响力日益扩大的时候，百度贴吧的商业价值也在不断扩大。贴吧因其"社会性""话题性"特征，在如今这个需要"新"的社会时代背景下，能让网友找到放松、感兴趣的切入点。

另外，在百度贴吧的推动下，个人账号体系得到了强化，同时也有助于百度以账号为基础，逐步构建庞大的百度生态体系。除此之外，百度贴吧还积累了大量的数据，从而建立起用户的兴趣图谱，成为未来百度人工智能战略的重要组成部分。

综上所述，百度贴吧成为商家进行论坛营销的平台也就不足为奇了。

8.1.6 豆瓣：评论的自由+互动性

豆瓣是一个集品味、表达和交流于一体的社区网站。其中豆瓣品味系统主要包括读书、电影和音乐；豆瓣表达系统主要包括我读、我看和我听；豆瓣交流系统主要包括同城、小组和友邻。

在豆瓣平台上，用户不仅可以在豆瓣平台浏览各种信息，还可以搜索、浏览感兴趣的话题专栏，观看其他用户对话题和作品的相关评价，同时也可以在注册登录豆瓣账号后，自由地发表有关书籍、电影、音乐等的评论。

例如，商家进入"豆瓣读书"界面，除了"新书速递"版块推荐的一些作品外，还有许多不同类型的热门标签，如文学、流行、热门、文化、生活、经管和科技等，如图8-5所示。

豆瓣最为主要的地方，在于它评论的自由性和互动性。用户既能通过浏览他人的评论，来侧面了解作品的质量，也可以发表自己观看过的作品的评论，这些评论能为其他用户提供参考。图8-6所示，为电视剧《爱，死亡和机器人》的评论界面。该电视剧目前已有超过31万用户点评，豆瓣评分9.2分，电影口碑非常不错。

对于图书和影视等相关商家来说，可以充分利用豆瓣的评分系统，引导发布积极评论，提高产品评分，用更多的正面评论来吸引潜在用户。

图 8-5 "豆瓣读书"界面

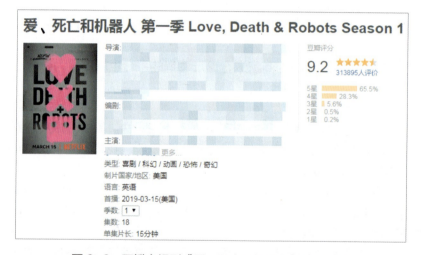

图 8-6 豆瓣电视剧《爱、死亡和机器人》评论页面

8.1.7 天涯论坛：充满人文关怀

天涯论坛是一个综合性虚拟论坛，在全球范围内都具有较大影响力。天涯论坛自创建后，以其充满人文关怀为核心特点，受到国内用户乃至国外华人用户的关注。

天涯论坛首页主要包括天涯主版、天涯网事、天涯别院、区域论坛、旅游论坛、职业交流、大学校园和天涯问答等主题版块。商家根据可以自己的喜好进入浏览相关版块的内容。例如，在"天涯问答"版块的"敢问敢答"专栏中，商家可以提问和作答，结交各地的天涯网友。

浏览天涯社区里帖子的内容时不需要注册登录，但商家要想使用评论、发帖和打赏等功能，需要先登录。此外，商家可以通过天涯账号来登录，也可以通过QQ、微信和微博等应用授权登录。

商家登录天涯后，在个人中心里有我的帖子、我的回帖、我的足迹、我的相册、所属部落、我的随记、我的等级、我的徽章、我的书架、我的订单和我的问答等主题专栏，商家可以通过相关专栏方便快捷地管理自己的账号。

天涯社区是热点的聚集点。因此，商家应该充分利用天涯的庞大用户群体，积极发帖引导话题来促进营销推广，也可以寻找与自己产品相关的知名天涯版主来合作，推广相关的产品或品牌。

8.2 问答平台：给你想要的答案

对商家而言，运营推广渠道不仅仅是直接营销方式，很多时候通过潜移默化的方式，在各种互联网平台上带动潜在用户，才是网络营销的关键。问答平台对于商家而言，无疑是一块非常重要的阵地，商家需要深入认识和了解问答平台。

8.2.1 SEM 提高精准度与可信度

问答平台的营销投入比较大，它们通常在搜索引擎的排名都比较靠前。所以，对很多商家来说，问答平台是 SEM 的重要辅助手段。问答平台在营销推广上具有两大优势——精准度和可信度高，如图 8-7 所示。这两种优势能形成口碑效应，对网络营销推广来说显得尤为珍贵。

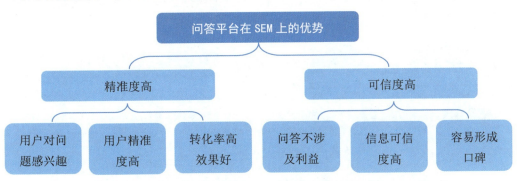

图 8-7 问答平台在 SEM 上的优势

通过问答平台来询问或作答的用户，通常对问题涉及的东西有很大兴趣。比如，有用户想要了解"有哪些新上映的电影比较好看"，这样的问题那些刚好看过电影的用户，大多会积极推荐自己看过的满意影片，提问方通常也会接受推荐去观看，影片回答方通常是根据自己的直观感受来问答。这就使得问答的可信度很高，这对企业而言则意味着转化潜力，能帮助产品形成较好的口碑效应。

8.2.2 流量渠道：直接流量和有效外链接

问答平台营销是网络营销推广的重要方式，其营销效果是众多推广方式中较好的，它能为商家带来直接的流量和有效的外链接。基于问答平台而产生的问答营销，是一种新型的互联网互动营销方式。它既能为商家植入软性广告，同时也能通过问答来引流潜在用户。

问答营销对于企业引流来说有很大的优势，如图 8-8 所示。

问答平台的营销优势主要体现在互动性、针对性、广泛性、媒介性和可控性等方面。同时，问答平台营销的操作方式是多样化的，有着很多不同种类，如开放式问答、事件问答、娱乐评论、促销评论和内容营销等。

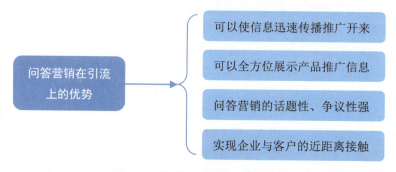

图 8-8 问答营销在引流上的优势

商家要想利用问答平台来获得流量，在营销操作上有许多诀窍需要掌握。这里总结了几点技巧作为参考，如图 8-9 所示。

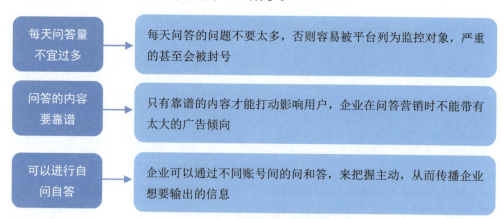

图 8-9 问答营销的几点技巧

俗话说："细节决定成败。"对商家而言，除了上述几点技巧外，在进行问答营销时，还需要注意一些细节上的地方，如图 8-10 所示。

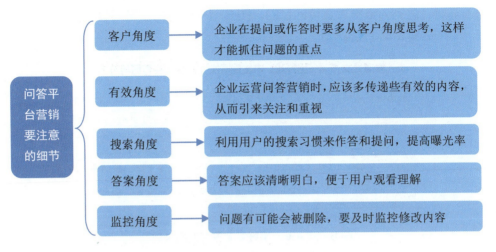

图 8-10　问答营销的细节之处

8.2.3　知乎：话题性高，推动传播和推广

知乎平台是相对火热的社交问答平台，它的平均月访问量已经突破上亿人次，其口号是"与世界分享你的知识、经验和见解"，主要定位是知识共享。"问题"界面是知乎最主要的界面，用户既可以通过搜索来了解相关问题，也可以自己直接提问或者回答自己熟悉的问题。

知乎的提问有一定的规则，用户提问需要遵循简洁、直接和规范等原则，禁止"为神马""肿么办"等网络语言，以及"有谁知道""谢谢""跪求"等与问题无关的附加语。同时，知乎也禁止招牌、求职、交易和合作等方面内容的提问。另外，为避免问题的重复提问，平台要求用户在提问前先自行搜索相关问题。

用户搜索后如果自己的提问不是重复的，便可继续完成提问步骤。在提问完成后，可以邀请对相关话题感兴趣的用户来回答。而对于那些想要了解和感兴趣的问题，用户可以搜索并点击查看相关回答。如果用户对问题有独到见解，也可参与其中，输入自己的回答。

用户如果不想暴露自己的信息，可以选择通过匿名的方式回答。而且，对于回答用户可以选择允许规范转载、允许付费转载或禁止转载等权限。

对商家而言，可以通过在知乎上提问和回答来宣传自己的产品，这种问答通常具有很好的话题性，吸引广大知乎用户参与围观，从而促进产品的营销。

比如，电影《一出好戏》上映后，知乎上出现了"《一出好戏》中出现多次绿蜥蜴镜头有何用意？对电影表达起到了怎样的作用？""如何评价电影《一出好戏》？"等问题。电影发行方可以参与到相关的问答中，精彩的回答能引导用户去观看，达到为电影做宣传的目的。图 8-11 所示为该电影导演在知乎上对其中一个问题做出的回答。

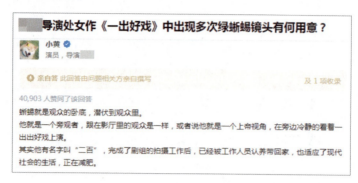

图 8-11 《一出好戏》导演的回答界面

8.2.4 在行一点：付费语音问答模式再升级

在行一点平台，是原付费语音问答平台——分答平台的品牌升级。在该平台原有的问答场景中，回答者通过 1 分钟语音回答得到报酬，提问者需要支付一定的提问费用，其他用户花费 1 元便可偷听回答，偷听的收入由提问者和回答者平分。

除此之外，升级后的平台还对知识服务产品进行了创新——新增了"讲""课"两个重点产品，如图 8-12 所示。

图 8-12 "讲""课"产品

不过，用户如果想要参与上述平台产品的知识服务，首先需要在平台上注册和登录。登录完成后，会出现选择感兴趣领域的界面，平台会根据用户的喜好领域来推荐相关产品。

就以问答产品而言，商家也可以搜索自己喜欢的答主，通过与其合作，发布与营销相关的回答。商家可以直接向热门答主提问，也可以选择悬赏的方式来提问，以引起用户的注意。直接提问著名答主需要支付答主所定的酬金，悬赏提问则由商家自己定赏金。

8.2.5　百度知道：庞大用户群体的流量支持

百度知道是由百度推出的基于搜索的互动式知识问答分享平台，它是中国相对较大的问答网站。百度知道主要特点在于它与百度搜索的完美结合，百度的庞大用户群体为它提供了流量支持。

百度知道首页的问题栏有很多类问题，具体包括经济金融、企业管理、法律法规、社会民生、教育科学、健康生活、文化艺术、电子数码、电脑网络、心理分析以及医疗卫生等类型问题。

在百度知道的"提问"界面，商家在问题说明框中输入问题，选择提问服务的赏金，在输入验证码后便可提交问题，如图8-13所示。而浏览该平台的最新提问栏，商家可以点击进入"回答"界面，在回答中巧妙地嵌入一些营销信息，当然，如果商家的回答被采纳，将会获得提问方的悬赏赏金，如图8-14所示。

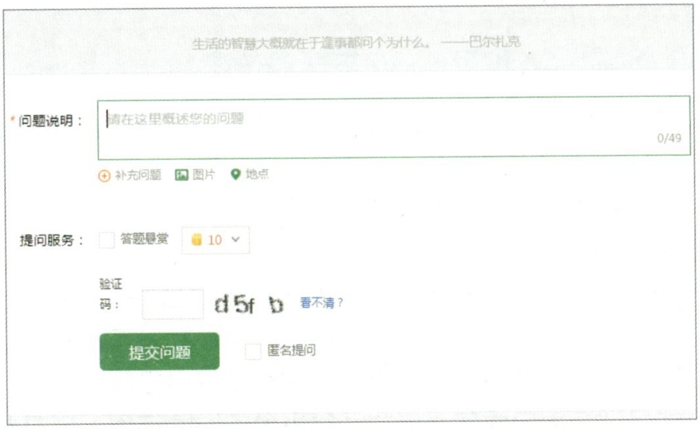

图8-13　百度知道用户的"提问"界面

在百度知道中贡献分享知识的用户被称为芝麻用户，而有共同兴趣爱好和共同专长的芝麻用户可以组成芝麻团。芝麻团的等级会随着用户增加而提高，高级芝麻团有专属的优质问题包等待成员回答。

图 8-14 百度知道用户的"问答"界面

对于新注册登录的用户,百度知道平台会弹出推荐测试页面,用户按照指引一步步地测试后,平台会推荐相应的芝麻团队。在芝麻团中,用户可以与知友一起答题、交流,当用户等级达到 8 级之后可以申请创建团队,所以新用户通常只能选择加入芝麻团。

当然,新的芝麻用户也可以申请提升自身等级,如可以申请成为芝麻将。芝麻将是指热心回答问题的用户,百度知道官方会直接领导团队来管理芝麻将用户。芝麻将可以获得平台管理特权、身份特殊标识以及专属礼品等福利,这些福利都有利于加强商家的营销效果。

8.2.6 360 问答:自动匹配,问答更具效率

360 问答平台,是奇虎 360 搜索旗下产品,可以把它看成一个知识分享社区。用户把自己遇到的问题提交到平台上,平台会自动匹配合适的回答者来解答。

相较于其他问答平台来说,360 问答平台更加注重效率,提出的问题通常会在 5 分钟内就有回答。

360 问答用户点击"我要提问"后,便会进入平台的提问界面,如图 8-15 所示。用户在提问框中输入问题,还可以点击邀请专家来答疑解惑。

问答平台对宣传推广有很大的作用,商家可以将自己新出产品的信息,以提问和回答的方式呈现在用户面前,借力问答平台的发酵作用,会取得很好的传播效果。

图 8-16 所示为问题回答界面,有匿名用户提问"父母的遗传对婴儿的影响?"这条问题取得了 11 条回答,这意味着在提问和回答之间,商家可以不露痕迹地进行推广。

图 8-15　360 问答用户的"提问"界面

图 8-16　360 问答用户的回答界面

　　360 问答的乐帮团和百度的芝麻团类似，旨在通过团队合作来解决回答各种提问，乐帮团的这种模式营造了良好的网络知识氛围。360 问答平台用户可以选择参加喜欢的乐帮团队，以团队之力帮助更多的人。

第 9 章
软文营销：轻松打造热门优质文案

> **学前提示**
>
> 软文营销是所有网络营销中常见的一种营销方法，也是营销效果非常可观的一种营销方法。商家要进行网络营销，就必须要对软文营销十分了解。本章将为大家介绍软文营销相关的知识，助力商家打造出火爆文章和吸睛标题。

9.1　初步了解：软文营销的创作技巧

在互联网时代，有很多小成本的公司大放异彩，他们成功的主要原因之一就在于创作了许多优质的软文。商家要想通过软文达到理想的品牌宣传和推广的效果，首先就需要掌握一定的软文营销写作技巧。接下来，将要为广大读者介绍一些实用的软文营销创作技巧。

9.1.1　了解写作思路

在软文创作的思路中，常用的思路主要有以下几种，具体如图 9-1 所示。

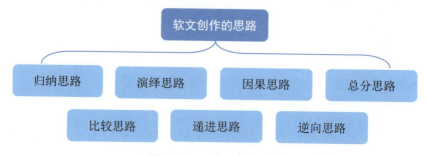

图 9-1　软文的创作思路

其中应用最为广泛的主要是归纳思路、演绎思路和递进思路 3 种，下面对这 3 种思路分别从表现形式和根本作用两个方面进行具体分析。

1. 归纳思路

作者从事软文工作时，曾具体分析过归纳思路的表现形式及其根本作用，如图 9-2 所示。

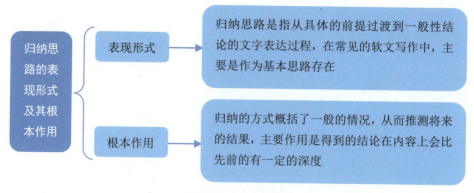

图 9-2　归纳思路

2. 演绎思路

在软文创作中，演绎思路的表现形式和根本作用分析如图 9-3 所示。

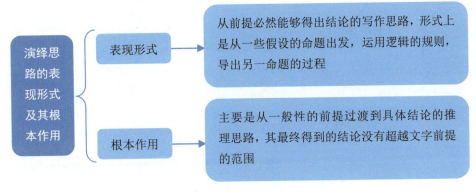

图 9-3　演绎思路

3. 递进思路

在软文创作中，作者认为递进思路的表现形式及其根本作用是非常重要的，如图 9-4 所示。

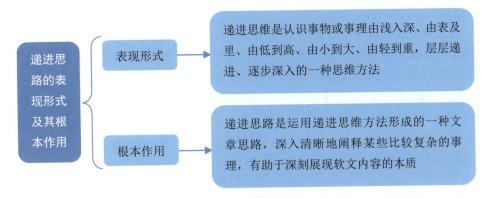

图 9-4　递进思路

9.1.2　以读者为中心

现如今，很多商家的软文广告是围绕打折出发的，从读者的角度出发，抓住读者的注意力，同时通过图案的多次重复来达到最终目标。如果商家给出的折扣不够具有吸引力，这种软文创作方法的效果并不能彻底打动读者。

在软文创作中，商家最主要的还是要以读者为中心。所以，商家在创作软文时，要做到以读者为中心，所以软文中要做好以下 5 点，如图 9-5 所示。

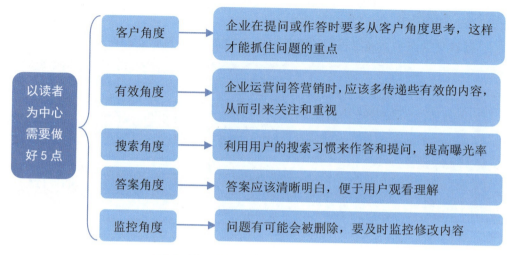

图 9-5　以读者为中心需做好的 5 点

9.1.3　突出软文的主旨

软文主题是整个软文的生命线，软文人员主要职责就是设计和突出主题。所以，商家要花时间下工夫，确保主题的绝妙性和真实性。总而言之，整个软文的成功主要取决于软文主题的效果。

在任何一个软文中，主题往往是最为醒目的，也是文字较为简洁的，在广告类软文中，甚至就是短短的一句话。需要注意的是，商家要想突出软文的中心内容，还要提前对相关的受众群体有一定的了解。

9.1.4　适当使用短句

善于运用短句是软文优秀与否的重要标志，有时候，同样是一句话的内容，不同的表达方式所带来的效果是不同的。

单个短句的效果可能并不突出，但是在较长篇幅的软文内容中，就体现出了长句不能达到的效果。软文中的长句往往会让读者精神疲劳、头昏眼花，并且容易遗忘。

9.1.5　内容简单明了

软文要简单明了，最好做到雅俗共赏，这是商家创作软文时对文字的基本要求。从简单明了的角度出发，商家追求的主要是文字所带来的实际效果，而非文学上的知名度，这就要求商家不要过于看重文字的优美性和措辞语法的文学性。具体来说，商家需要从以下 3 个方面考虑。

（1）是否适合要用的媒体。
（2）是否适合产品的市场。
（3）是否适合产品的卖点。

9.1.6 减少专业术语

专业术语是指特定领域和行业中，对一些特定事物的统一称谓。在现实生活中，专业术语十分常见，如在家电维修业中对集成电路称作 IC，添加编辑文件称加编等。

专业术语的实用性往往不一，但是从文案写作的技巧出发，往往需要将专业术语用更简洁的方式替代。专业术语的通用性比较强，但是软文中往往不太需要。相关的数据研究也显示专业术语并不适合给大众阅读，尤其是在快节奏化的生活中，节省阅读者的时间和精力，提供良好的阅读体验才是至关重要的。

图 9-6 所示为某视频软文的部分内容，可以看到，在这段文字中有一些行外人看不太懂的词汇，如"非线性动画"。这样就会让一些不太懂行的用户看后一头雾水，而且视频对"非线性动画"一词并没有进行解释和说明，单纯介绍了某手机动画是非线性动画，用户看完视频后还是不懂。当然，减少术语的使用量并不是不使用专业术语，而是控制使用量，并且适当对专业术语进行解读，把专业内容变得通俗化。

图 9-6 使用专业术语的文案

9.2 四大方面:了解软文营销秘密

在庞大的软文平台上,人人都想去分一杯羹。但如果商家不得门径,到头来只会费力不讨好。而如何撰写出让用户感兴趣、让你的潜在顾客心动的软文,就是商家在本节中要学习的内容。

9.2.1 四大特点助力优秀营销

软文营销算是在网络营销中不可或缺的一种营销方式。所以,许多行业都不会放过软文营销,而且连微商和短视频行业也加入到了软文营销阵列中,从而诞生了很多优秀的软文案例。下面为大家讲解软文营销的四大特点。

1. 便捷沟通

商家能够通过 QQ、微博和微信等软件与用户实现远距离且无障碍的沟通,发布的软文信息也能够及时传递给用户。因此,与传统行业相比,软文营销能够实现更加便捷的沟通。具体而言,其沟通的便捷性主要表现在两方面,如图 9-7 所示。

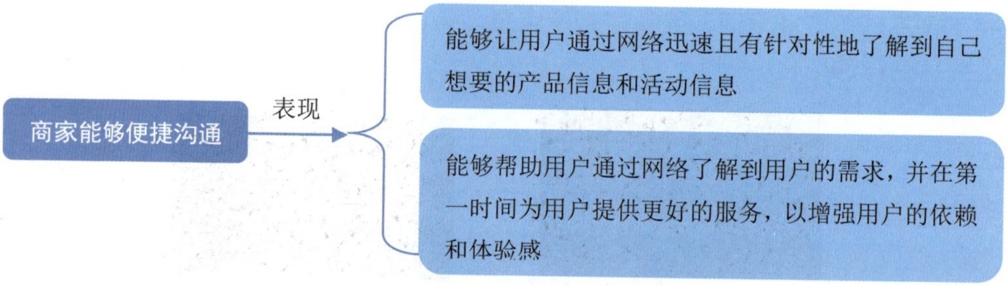

商家能够便捷沟通 — 表现:
- 能够让用户通过网络迅速且有针对性地了解到自己想要的产品信息和活动信息
- 能够帮助用户通过网络了解到用户的需求,并在第一时间为用户提供更好的服务,以增强用户的依赖和体验感

图 9-7 微商能够便捷沟通的主要表现

2. 用户广泛

微信、微博和 QQ 等通信软件如今已有上亿用户群体,已经成为人们联系与交友不可缺少的工具。基于这样的特点,这些通信软件为商家带来了更为有利的营销环境。商家在这些平台上进行相应的软文营销,只要软文内容符合用户的口味,那么感兴趣的用户自然会自动查看。

3. 展示多元

商家在运用软文进行产品营销时,可以通过活泼的网络语言来吸引用户的注意力。同时,内容形式也应该多元化,可以是文字形式,可以是图片形式,也可以是视频形式。

商家可以通过文字、图片或者视频相结合的方法，对产品的外观和功能等进行描述，让用户对产品特点的了解更加容易。文字视频结合进行软文营销，会让软文显得很灵活，不呆板，对产品特点的表现也更加直观。

从营销角度来说，商家最好不要选择纯文字形式来发朋友圈广告。因为太过冗长的广告文字一般不被用户们所认同，大家都不会愿意在休息娱乐时，看太长的广告文案。当然，也不能全是图片没有文字，因为营销信息必须使用到文字来进行表达。

4．成本低廉

商家在微信、微博和 QQ 等软件上进行软文营销，基本不用什么成本——他们在空间、朋友圈发布信息完全是免费的。而他们的好友却能够随时看到他们发布的软文。可以说，这种营销方式是高效而划算的。

9.2.2 六大切入点：掌握表现技巧

在了解了软文营销的四大特点后，要写好软文，商家还需掌握软文的表现技巧，找到软文的六大切入点。

1．新闻报道

商家在撰写软文时，不妨换个身份，通过媒体记者的视角来撰写新闻报道，直接介绍自身实力与品牌形象等。商家通过将这些新闻报道发布到门户网站，再进行截图或分享链接到朋友圈，或者制作成短视频，从而赋予软文权威性。这样的软文营销具有真实、权威和不可辩驳的特点，能够有力提升品牌形象，赋予商家正面意义。但是，新闻类软文发布渠道狭窄，必须要发布到门户网站上才有效益，因而成本较高。

2．用户体验

商家将产品夸得天花乱坠，往往比不上用户反馈所能带来的效应。因此，商家在进行软文营销时，不妨尝试将用户体验作为切入点。由用户体验切入的软文写法简单，商家在撰写这类软文时，可以完全把自己当成产品使用者，以消费者试用产品的口吻来撰写软文，这类软文容易获取读者的信任。

在这种形式的软文中，商家通常以第三方或者普通用户的切身真实体验作为切入点，客观全面地介绍品牌或产品的优点与服务质量。在悄无声息中，商家便可完成对消费者和潜在客户产生积极的心理暗示，打造正面形象。

3. 讲述故事

相较于广告,软文营销能让用户在不知不觉间接受产品信息。而故事营销是软文营销中常见的种类,商家通过讲故事的方式,娓娓道来,把要介绍的品牌、产品都藏在故事里,这样往往能够获得意想不到的效果。

4. 访谈切入

商家在撰写软文时,可以通过访谈的形式,通过采访行业大拿或者专家等形式,来切入软文正题。这种一对一访谈的形式,可以深入全面地宣传品牌信息。

值得注意的是,商家如果要采用访谈形式来撰写软文,切记访谈对象需要有一定的知名度,有一定的感染力与宣传力。否则,商家如果贸然使用访谈的形式撰写软文,采访的却是名不见经传的对象,这样的软文不但没有说服力,还会造成相反的效果,让人觉得商家为了炒作不择手段,很容易引起用户的反感。

5. 网络事件

商家需要具有敏锐的洞察力,从而将网络热点事件作为切入点撰写软文,这样能够获得较好的成效。当然,商家在借用网络热点事件时,务必注意,自身业务需要与该网络热点事件具有关联性,至少要能自圆其说。

这种写法其实就是结合当前热门事件,比如化妆品和护肤品等行业可以贴合当前大热的宫斗剧;而运动类品牌可以贴合当前火热的电竞项目等;甚至护肤品都可以贴合电竞项目。使用这种写法撰写软文,商家需要有发散性思维,能够从热门事件中找到与自家产品相贴合的地方。

例如,自从"官宣体"红了以后,各大公众号开始用"官宣体"来撰写软文了,如图9-8所示。

6. 模仿热帖

在软文创作时,商家通过搜集网络上传播范围极大的热帖,进行加工以后进行二次上传。这样的软文,传播速度通常会极快。

值得注意的是,模仿热帖的软文在"加工"时,需要做到巧妙,不露痕迹,在修改时必须自然而然,不能太过牵强。

撰写软文的方法和切入点自然不局限于这6种方式,商家可以通过多观察同行作品,多学习多总结,软文的质量自然而然就提高了。总而言之,世界上没有不劳而获,软文撰写需要勤学多练。

图 9-8　结合网络事件撰写软文案例

9.2.3　四大目的：优秀软文的动力

商家撰写软文，首先需要了解使用软文的目的。软文营销是当前最受欢迎的主流营销方式，而商家软文的主要功能包括 4 点：帮助微商们进行好友引流、推广品牌、赢取信任以及销售产品，具体分析如下。

1. 好友引流

某些商家的基础是微信，他们在朋友圈进行产品营销，对潜在客户进行耳濡目染，促成销售。因而这类商家的潜在客户是微信好友，他们在做软文营销时，第一步就是进行引流——通过撰写有趣的软文，吸引好友转发，进而获得更多朋友。

2. 推广品牌

有人认为，小商家不同于传统销售，他们所销售的产品通常并不知名，因此对品牌营销就不太重视。但实际上，小商家更加需要进行品牌推广。只有通过软文营销打出品牌影响力，他们才能打下销售基础，甚至获得更多代理。

3. 赢取信任

信任是销售的基础，相较于毫无关系的陌生人，消费者往往更愿意选择有信任感的朋友。而商家打造信任感是一个长期的过程，需要耐心地操作，以及通过长期的软文营销与答疑解惑，塑造形象，才能获取用户的信任。

商家与用户建立信任是一个长期的过程，要想让客户对自己信任，首先要让用户觉得自己不是个虚拟的客户端，商家可以尝试从以下几个方法做起。

（1）商家头像是真人，可以用软件处理，但一定要清晰，这样的头像远比从网络来的图片要真实。

（2）账号名字也很重要，最好用真名、店铺名或企业名，少加前后缀。

（3）内容垂直，晒晒近照与证件。

4. 销售产品

无论如何，营销最终目的在于销售，商家进行通过软文营销，也是以销售产品为目的。因此，商家在撰写软文时，要时刻把销售产品这一最终目的记在心里，才能够撰写出合适的软文。

虽然销售产品是目的，但不能为了产品能卖得出去就肆意夸大产品功能。否则这种欺骗行为如果被用户发现，以前积累的信任和口碑会瞬间瓦解。

9.2.4 四大步骤：按部就班写软文

商家在撰写软文时，需要按部就班，遵循步骤。软文撰写步骤可分为四步，如图9-9所示。

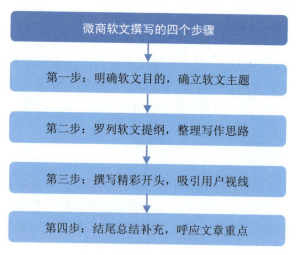

图9-9 软文撰写的步骤

掌握以上四个步骤，可以让软文写作变得简单，也让软文营销的力量更加集中，结构更加合理。图9-10所示为软文案例，该案例中的某商家向读者们介绍了一款空气芝士，其目的很明确，就是销售产品。软文思路清晰，开头通过与空气的类比，突出芝士的特点和优势，最后在结尾处放置购买渠道，让用户可以快速购买产品。

图9-10 某商家发布的软文

9.3 提升技能：体现内容表达效果

软文营销要想取得好的效果，需要一篇好的软文，使商家能够快速吸引用户的注意力，让账号快速增加大量粉丝。那么，商家如何才能写好软文，做到吸睛与增粉两不误呢？这一节，就来为大家介绍提升软文写作技能的方法。

9.3.1 把握文字表达

商家要想更高效率、更高质量地完成文案任务，除了掌握写作技巧外，还需要学会玩转文字，让表达更合用户的口味。

1. 语义通俗易懂

文字通俗易懂是软文营销的基本要求，也是在软文创作的逻辑处理过程中，商家必须了解的技巧之一。从本质上而言，通俗易懂并不是要将软文中的内容省略掉，而是通过文字组合展示内容，让用户在看到软文之后，便心领神会。

图9-11所示为短视频封面，其中"看大楼上怎么玩'俄罗斯方块'的"和

"兄弟，我挺不住了，救不了你了"，这些文字通俗易懂，让用户一看就能明白短视频将要讲述哪方面的内容。

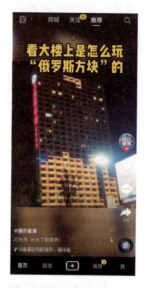

图 9-11　通俗易懂的文案

2. 删除多余内容

成功的软文往往表现统一，失败的软文则原因众多。在可避免的问题中，文字的多余累赘是失败的主因，其导致的结果主要包括内容毫无意义、文字说服力弱和问题模棱两可等。

解决多余文字最为直接的方法就是将其删除，这也是强调与突出关键字句最为直接的方法。图 9-12 所示为某手表的广告软文，可以看到它便是直接告诉某某手表最能体现品位，而没有说其他多余的内容。

删除多余的内容对于广告软文来说，其实是一种非常聪明的做法。一方面，多余的内容删除之后，重点内容更加突出，用户能够快速把握商家要传达的意图；另一方面，多余的内容删除之后，内容将变得更加简练，同样的内容能够在更短的时间传播开来，且用户不容易产生反感情绪。

9.3.2　加强个性表达

形象生动的文案表达，非常能营造出画面感，从而加深用户的第一印象，让他们看一眼就能记住文案内容。因此，对于商家而言，每一篇软文在最初都只是一张白纸，它需要商家不断地想出好的创意，添加新的内容，才能够最终成型。

总而言之，一则生动形象的软文可以吸引用户关注，激发用户对软文中产品的兴趣，从而促进产品信息的传播。

图 9-12　某手表的广告文案

9.3.3　坚持立足定位

精准定位同样属于软文营销的基本要求之一，每一个成功的营销都具备这一特点。图 9-13 所示为两个女装的广告文案。

图 9-13　两个女装的广告文案

这两篇广告文案的成功之处就在于根据自身定位，明确地指出了目标消费者是小个子女生，能够快速吸引大量精准用户的目光。对写手而言，要想做到精准的内容定位，可以从 4 个方面入手，如图 9-14 所示。

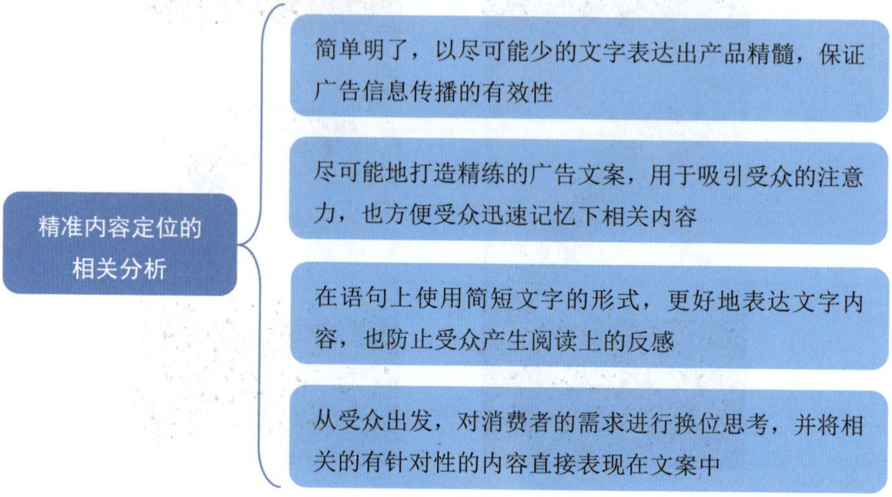

精准内容定位的相关分析
- 简单明了，以尽可能少的文字表达出产品精髓，保证广告信息传播的有效性
- 尽可能地打造精练的广告文案，用于吸引受众的注意力，也方便受众迅速记忆下相关内容
- 在语句上使用简短文字的形式，更好地表达文字内容，也防止受众产生阅读上的反感
- 从受众出发，对消费者的需求进行换位思考，并将相关的有针对性的内容直接表现在文案中

图 9-14　精准内容定位的相关分析

9.3.4　评论文案的技巧

说到文案，大多数运营者可能更多的是想到公众号软文。其实，除此之外，在软文营销过程中，商家还有一个必须重点把握的文案部分——评论区文案。那么，评论区文案的写作有哪些技巧呢？下面就来进行具体分析。

1. 根据内容自我评论

当软文或文案中能够呈现的内容相对有限时，就有可能出现一种情况——内容需要进行补充。此时，商家便可以通过评论区的自我评论来进一步进行表达。另外，在文章或短视频刚发布时，可能看的用户不是很多，也不会有太多评论。如果商家进行自我评论，也能从一定程度上起到提高用户评论数量的作用。

2. 通过回复评论引导用户

除了自我评价补充信息之外，商家在创作评论文案时，还需要做好一件事，那就是通过回复评论解决用户疑问，引导他们的情绪，从而提高产品的销量。

如图 9-15 所示，某商家在文章发布之后，对评论中某些用户的疑问或评论进行了回复，以消除用户的后顾之忧。而疑问得到解答之后，用户的购买需求自然会得到一定的提升。

图9-15 通过回复评论引导用户

3. 抖音评论的注意事项

回复评论看似是一件再简单不过的事,实则不然。为什么这么说?这主要是因为在进行评论时还有一些需要注意的事项,具体如下。

(1)第一时间回复评论。

商家应该尽可能地在第一时间回复用户的评论,这么做主要是有以下两个方面的好处:

- 快速回复能够让用户感觉到你对他的重视,这样就能增加用户对你的好感。
- 回复评论能够从一定程度上增加自身的热度,让更多用户看到自己的内容。

那么,商家如何做到第一时间回复评论呢?其中一种比较有效的方法,就是在软文发布后的一段时间内,及时查看用户的评论。商家一旦发现有新的评论,便在第一时间做出回复。

(2)不要重复回复评论。

对于相似的问题,或者同一个问题,商家最好不要重复进行回复,这主要有以下两个原因:

- 商家的回复中或多或少会有营销痕迹,如果重复回复,那么整个评价界面便会一团乱,进而让用户产生反感情绪。
- 相似的问题、点赞相对较高的问题会排到评论的靠前位置,商家只需对点赞较高的问题进行回复,有相似问题的用户自然就能看到。而且,这还能减少评论的回复工作量,为商家节省大量的时间。

(3)注意规避敏感词汇。

对于一些敏感的问题和词汇,商家在回复评论时一定要尽可能地进行规避。当然,如果避无可避,商家可以采取迂回战术,如不对敏感问题做出正面的回答,用其他意思相近的词汇或谐音代替敏感词汇。

9.4 4种策略:促成软文营销的目标

软文营销是最需要技巧的广告形式,商家在进行网络营销时,必须掌握软文营销的相关策略,才能完成产品销售和品牌宣传的目标。

具体来说,软文营销有很多策略,商家在营销过程中不可能兼顾每一种,应该选择最适合自己产品的,这里总结了几点重要软文营销策略。

9.4.1 热门话题营销策略

话题,尤其是热门话题,是最容易引起口碑效应的策略。运用话题进行软文营销,能够达到很好的品牌推广目的,商家如果想要借助话题营销,获得足够的关注度,就需要做到以下两点。

(1)围绕、结合社会热点制造话题。

(2)针对用户的喜好与需求引导话题。

采用话题营销策略进行品牌推广时,要注意话题的可控性,一定要对产品品牌做正面引导,不能引发用户对产品的负面情绪,例如借助公益话题可以让消费者对品牌产生良好的印象。

9.4.2 技术营销策略

技术策略的关键是通过技术层面的东西去打动用户。不能用伪技术搪塞读者,必须要用具有一定先进性的技术,并且能够真正帮助用户解决一些问题。商家在描述的时候,不要太过于笼统和高深,要用一些平常与人聊天的语言和例子,让用户浅显易懂地明白其大概的原理,从中找到自己需要的知识。

9.4.3 经验式营销策略

商家在写软文时,不妨写一些分析经验式的软文,此类软文的策略主要是通过免费向读者分享经验、免费给予他们帮助,从而引起读者的注意,这是最容易打动用户和影响用户的一种软文营销策略。

这类软文营销的最大优势在于,消费者是以主动的方式接受商家传播的信息的，如果内容足够有效，还很有可能形成口碑传播。

9.4.4 新闻式营销策略

对于任何品牌来说，新闻式营销策略都是一个非常好的营销方案，为什么新闻性的软文容易受到人们的关注呢？因为人们都有好奇心，都渴望了解新事物、学习新知识。因此，新闻式营销要体现出一个"新"字，新鲜事和新鲜知识等都可以成为新闻式营销的素材来源。

9.5 注意事项：避开软文营销陷阱

商家在进行软文营销时，除了要掌握软文创作技巧和软文营销策略之外，还需要了解注意事项。商家只有了解了软文营销的注意事项，才能够在软文营销过程中不出错误，确保商家营销计划正常进行。商家在进行软文营销时，需要注意两个事项，如图 9-16 所示。

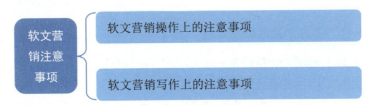

图 9-16　进行软文营销需注意的两方面事项

9.5.1 软文营销操作上的注意事项

商家在进行软文营销操作时，要注意一系列的问题，这些问题包括 3 个方面，下面将为大家进行详细解释。

1．包装要适度

在现实生活中，产品过度包装不仅造成资源浪费，还存在欺骗消费者的嫌疑。在软文营销中，适度的软文营销包装能够起到宣传产品的效果，但是夸大的言辞和浮夸的包装会显露出虚浮的感觉，营销效果可能适得其反。

商家最好是结合实际情况来宣传，因此在软文营销包装时，为了防止包装过度，商家需要掌握以下操作，如图 9-17 所示。

2．禁止炒作过度

对于商家来说，高知名度是营销的目的，但是炒作需要有度，如果是与社会相悖的营销案例，例如一些低俗、暴力和贪欲等营销，商家应该尽量避开，不能一味追求吸引网民的眼球，而忽略了商家的美誉度。

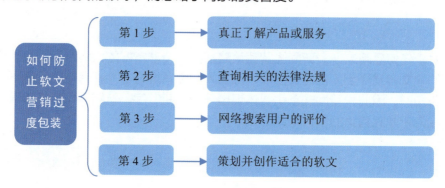

图9-17 防止软文营销过度包装

炒作要建立在新闻的前提下才能运作，通过强化新闻要素，使商业事件成为适合媒体运用的新闻材料，让消费者在不知不觉间接收商业信息，这样才会是相对较好的软文营销行为。

3．多平台、多方向投放软文广告

有些商家为了省事，就专盯着一个平台或方向投放软文，这样效果不会明显。商家宣传产品的根本目的在于寻找目标客户，最终完成产品销售，所以商家需要在明确客户需求的前提下，利用投放组合，进行多渠道、多平台的投放，达到营销的绝佳效果。

商家使用多渠道、多平台投放的方式，可以更大范围地传递企业信息，从而获得更多的转化。

9.5.2 营销软文写作方面的注意事项

商家在进行软文营销时，除了要留意营销操作上的注意事项之外，还需要留意软文写作方面的注意事项。

1．抓住消费者"痛点"

商家要想让自己的软文成功地吸引到读者的注意力，就需要抓住消费者的"痛点"，什么是"痛点"？"痛点"是指消费者在生活中遇到的各种难题，或者是亟待被解决的问题。如果商家能将用户"痛点"在软文中体现出来，并且给出解决方法，那么这样的软文必会引起用户的注意。

著名广告语"今年过年不收礼，收礼就收XXX"，它就是为了消除消费者的送礼困惑，因为大家在送礼时，不知买何种礼品，内心纠结，这也属于消费者的"痛点"。

总之，商家需要做的，就是发现消费者"痛点"，以这个"痛点"为核心，找到消除"痛点"的方法，并且将方法和商家产品联系在一起，让他们沉浸在软文的糖衣炮弹中。在作者看来，寻找消费者"痛点"是一个长期观察和挖掘的过程，一般来说，商家可以从以下两点寻找消费者的"痛点"，如图9-18所示。

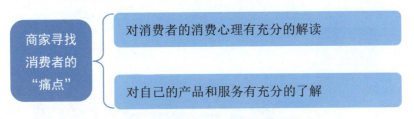

图9-18　寻找消费者"痛点"需做到的两点

2. 禁止抄袭他人文章

目前的软文创作中，常见的抄袭行为包括以下几种，如图9-19所示。

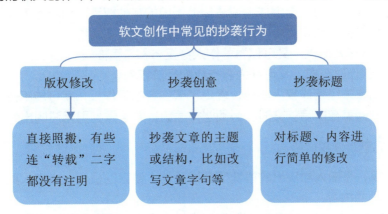

图9-19　软文创作中常见的抄袭行为

有些商家为了省事，就随意找几篇文章，不注重软文的原创性，直接全文抄袭，这样往往会给企业带来负面影响，降低了商家的形象。因此，作为品牌商家，一定要注重软文内容的原创性。

3. 检查书写格式

普通文章一般有规定格式，软文也一样，并且软文特别容易把格式写错。软文常见的书写错误包括但不限于文字、数字、标点符号和逻辑等方面。

商家在进行营销软文创作时，必须对这些书写格式进行严格校对，防止出现这方面的错误。

4．保障软文质量

商家的软文质量一定要高，不然就无法加深消费者对企业品牌的印象。那么，商家如何提高软文质量？具体方法如图 9-20 所示。

```
                ┌─────────────────────────────────────────┐
                │ 商家应该加强学习，了解软文营销的流程，掌 │
                │ 握软文撰写的基本技巧                    │
  提高软       └─────────────────────────────────────────┘
  文质量
  的办法        ┌─────────────────────────────────────────┐
                │ 商家可以聘请专业的软文营销团队，来提高软│
                │ 文质量                                  │
                └─────────────────────────────────────────┘
```

图 9-20　提高软文质量的办法

5．规避版权风险

版权也称著作权，是指作者或法律范围内的其他权利人对作品享有的人身权和财产权的总称。从定义中，可以看出著作权分为以下两种。

（1）著作人格权：又可称为著作人身权与著作精神权利。

（2）著作财产权：又可称为著作权的经济权利。

如果商家未经著作权人许可，侵犯了著作者的著作权，就可能犯侵犯著作权罪。因此，商家在撰写软文时，必须坚持原创，并且做到引用注明出处。

6．规避肖像权风险

肖像权，是指人对自己的肖像拥有排斥他人侵害的权利。肖像权具体包括以下 3 个方面的内容。

（1）肖像制作专有权：肖像权人或相关机关有需要，有权决定自我制作或委托他人制作自己的肖像；未经肖像权人的允许，他人不得擅自制作肖像权人的肖像。

（2）肖像使用专有权：肖像权人有权决定自己的肖像使用途径，有权通过肖像获得相关利益；肖像权人有权允许他人使用自己的肖像，并可以从中获利；肖像权人有权禁止他人非法使用自己的肖像。

（3）肖像利益维护权：肖像权益是公民的权利，不容侵犯，它主要体现于 3 点，分别是禁止他人非法制作自己的肖像、禁止他人非法使用自己的肖像以及禁止他人对自己的肖像进行损毁、扭曲和玷污。

商家在做软文营销时，为了达到图文并茂的效果，常常会用到明星或者名人来进行配图，但是有些配图容易引起法律纠纷，因此商家在进行软文营销时，要注意规避这种风险。

7. 规避名誉权风险

名誉权是指公民或法人保持并维护自己名誉的权利。公民或法人的人格尊严受法律保护，禁止用以下这些方式损害公民或法人的名誉，如图9-21所示。

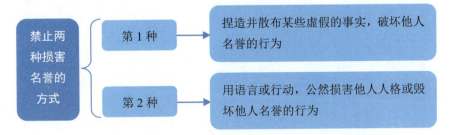

图9-21 软文营销禁止两种损害公民或法人名誉的方式

第 10 章
视觉营销：可视化信息让效率翻倍

学前提示

如今，很多传统行业也在实现电商化，同时营销方式也在与时俱进，视觉营销便是网络营销中常用的一种营销方式。它不仅能够提升产品销量，还能为企业或商家打造品牌和塑造形象贡献出一分力量。

10.1　视觉设计：打造 IP 的视觉元素

视觉营销，英文为 Visual Merchandising，简称 VM 或者 VMD。随着短视频平台的迅速崛起，在网络营销中如何利用视觉营销提高品牌知名度、创造利润，是商家关注的重点，同时也是难点。本节主要介绍视觉营销的入门知识，以及视觉设计元素等内容。

10.1.1　设置生动的封面图片

商家在进行视频营销时是离不开封面图片的，封面图片是短视频变得生动的一个重要武器，而且会直接影响到短视频的点击量。

因此，商家在使用封面图片给短视频增色时，也可以通过一些方法对图片进行美化处理，让图片更加有特色，提高视觉精美度，从而吸引更多的用户。

图片美化处理可以让原本单调的图片，通过多种方式变得更加鲜活起来。要想呈现好的视觉效果，就应当注重视觉的精美度，商家可以利用 PS 处理照片，增加视觉美感。图片美化处理可以通过两个方法进行，如图 10-1 所示。

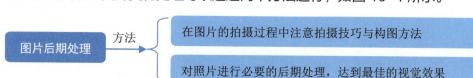

图 10-1　图片美化处理

关于图片后期修改的两种方法，具体介绍如下。

（1）图片拍摄时美化。

商家使用的照片来源是多种多样的，有的运营者使用的图片是企业或者个人自己拍摄的，有的是从专业的摄影师或者其他地方购买的，甚至还有的是从其他渠道免费得到的。

对于自己拍摄图片的商家来说，在拍摄图片时需要注意拍照技巧、拍摄场地布局以及照片比例布局等，这样就能将图片的最佳效果呈现出来。

（2）图片后期处理。

商家在拍完照片或购买图片后，如果对图片呈现效果还是觉得不太满意，可以选择通过后期处理来美化图片。

现在用于图片后期的软件有很多，如 PS、美图秀秀和光影魔术手等。商家可以根据自己的实际技能水平，选择对应的图片后期软件，通过软件处理，让图片变得更加夺人眼目。

10.1.2 品牌头像是无形资产

现在社会的物质生活水平飞涨,用户的选择范围扩大,用户的选择标准也越来越多元化,不仅注重各类新媒体平台提供信息的数量与质量,还对品牌整体视觉设计风格提出了更高的要求。

在视觉营销当中,商家或企业的品牌头像是用户第一眼就会注意的地方,它一般都会被放在最显眼的位置,如图10-2所示。所以说,头像设计得是否合理,也可以成为用户要不要点进去浏览一番的重要判断标准。

图10-2 "天猫超市"头像标志

甚至有些品牌头像,已经成为某个品牌的重要符号,很多人在选择商品选择品牌时,都会通过品牌头像来判断品牌,客户可能不知道品牌的正式名称到底是什么,但他们一定会认识品牌头像,从而选择关注该品牌推出的短视频账号。

例如,如果我们直接报上某些汽车的品牌名字,可能大家还需要一段时间才能真正反应过来,部分对汽车品牌了解比较少的门外汉,可能都不知道到底这串文字代表什么含义,可如果给他们看看该汽车的头像标志,大概90%的人都还是认识这个大名鼎鼎的汽车品牌的。

所以说,就现在的趋势来说,企业或商家品牌头像的作用越来越显著,甚至在视觉营销中,可以算得上是企业或商家的无形资产。由于头像可以说是企业或商家的名片,不能随意更换,所以,企业或商家在设计头像之初就应该严加考虑,如何使头像兼具美感和实用性。为了重视视觉效果的打造,接下来我们介绍品牌头像设计应遵循的三大原则。

1. 注重协调性与简洁性

在中国古代建筑中，建筑师十分注重"中轴线"原则。意思就是整个建筑的设计应该是对称的，是均等的。这种建筑形式之所以被主流所认同，也是因为具有协调性的东西可以在最大程度上让人感到身心愉悦，看上去舒服、干净，以及能让人产生强烈的生活感。

所以一般来说，品牌头像的设计，最基本的一条原则就是协调性强。其实，很多著名的设计师都会选择简单均衡的方式设计品牌头像，这样能够突显出高贵与大气。很多时候，简单比繁复更加让人心动。图 10-3 所示为北大校徽标志，最初的设计者鲁迅先生便是采用对称结构和篆书字体，来设计北大校徽的。

图 10-3　北大校徽

2. 头像应与品牌风格一致

在设计品牌头像时，应注重与短视频账号定位或企业产品定位一致，树立鲜明的特色。比如某护肤品牌致力于植物萃取草本精华护肤，所以它的头像设计得非常清新自然，体现了将纯净的自然植物原料装进环保容器的设计理念，人们会直观地感受到护肤品的自然和温和。

再如，某企业名称中含有"龙"这个字眼，于是设计师将"龙"这个元素融入了设计理念中，而该企业又是从事图书出版行业，"图书"这个元素自然而然也要出现在品牌头像中，如图 10-4 所示。

商家在设计头像时，可以将设计的重点放在体现新媒体平台的整体定位上，从而加深用户的影响，提高用户的关注度。

3. 注重文字排版

在进行品牌头像设计时，企业或商家常常会直接在头像中嵌入品牌的名称，从而提高企业品牌的认知度，避免需要用户对图片与文字的双重记忆。用艺术字将商家名称作为品牌头像的商家不在少数。

图 10-4　某企业的头像

图 10-5 与图 10-6 所示为鲁迅先生设计的封面，他灵活地将艺术字体运用到书装设计中，尤其是《萌芽月刊》的设计，能让人真切地感觉到每个字都处于萌芽状态，仿佛能给人以希望。

图 10-5　鲁迅译著《艺术论》封面　　图 10-6　《萌芽月刊》杂志封面

但从美感角度来说，正正方方的中文并不像流畅的英文那样好排版，看起来可能会有些呆板。所以，商家需要研究到底要如何设计头像，才能让它的美学意义从五花八门的视觉营销中脱颖而出，成为品牌一路向前奔走的领头羊。

在设计品牌头像时，除了要注重同商家发展定位与风格一致外，还要注重文字排版的和谐美观，切忌杂乱无章。总而言之，一个成功的具有鲜明特征的品牌头像设计,它的文字排版也必定极具美感。准确地说,文字排版是否具有美感,是判断品牌头像设计是否科学成功的重要标准。

10.1.3 简介加入最佳服务信息

除了头像、昵称的设置之外,商家还可在"编辑个人资料"界面中填写性别、生日/星座、所在地和个人介绍等个人资料。

在这些资料中,商家需要注意的是账号简介。一般来说,短视频账号简介通常简单明了,一句话就可以突出重点。其主要原则是"描述账号 + 引导关注",基本设置技巧如下。

(1)前半句描述账号特点或功能,后半句引导关注,一定要明确出现关键词"关注",如图 10-7 所示。

(2)账号简介可以用多行文字,但一定要在视觉中心出现"关注"二字。

(3)商家可以在简介中巧妙地推荐其他账号,但不建议直接出现"微信"二字,如图 10-8 所示。

图 10-7 在简介中引导关注

图 10-8 巧妙推荐其他账号

10.1.4 封面抓住用户的喜好

封面能够影响用户对你作品的第一印象,如果封面足够吸引人的话,还能够给你增加很多人气。封面要有主人公,商家可以参考电影海报的设计。

这里建议商家结合要输出的内容展现特点,有设计性地去做一张封面图。设计封面图的基本技巧如图 10-9 所示。

```
                                  ┌─ 能发封面图的一定要做封面图，比如剧情类、实用知
                                  │  识类视频
                                  │
                                  │  能在封面图上做标题的，一定要加上标题，用字体、
                                  │  颜色或者字号的变化来突出主题，一方面可以吸引用
  封面设置技巧 ── 包括 ──────────┤  户阅读，一方面还能方便用户点击
                                  │
                                  │  封面图最少 22 帧，一般时间留够 1 秒即可，也可以
                                  │  专门针对哪一秒的视频做一些效果处理，让它适合作
                                  │  为封面图
                                  │
                                  └─ 封面图的背景要干净，颜色尽量单一，并有一定的视
                                     觉冲击力
```

图 10-9　抖音封面设定的基本技巧

另外，某些平台可将封面设置为动态展现效果，这里以抖音为例，商家进入个人主页后，可以看到很多作品的封面都是动态展示的，以此能够吸引用户点击观看。商家只需要进入抖音"设置"|"通用设置"界面，启用"动态封面"按钮即可，图 10-10 所示。

图 10-10　设置动态封面

10.1.5　标签小心引导账号营销

标签作为一种重要的符号，能引导商家进行营销，如果不规范使用标签，就容易影响商家在自媒体平台的公众形象，造成不必要的损失。商家在制定标签时应按照相应的制作标准开展工作，明确标签制作标准的具体内容。下面以图解的形式介绍标签制作标准，如图 10-11 所示。

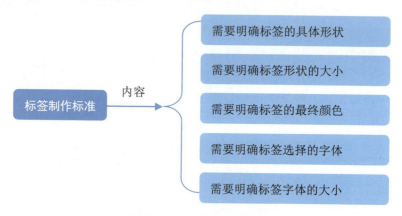

图 10-11　标签制作标准

图 10-12 所示为抖音号"手机摄影构图大全"橱窗中的图书，该商家为了提升销售量，便在商品图片上打上了"化学工业出版社"的标签。

图 10-12　某产品的图片上加了标签

10.1.6 口号加深用户的记忆点

营销口号,顾名思义就是利用一句话对某个品牌的总结。好的营销口号需要满足简单好记和押韵魔性两个特点,图10-13所示为某手机品牌的口号,该口号为某品牌手机的推广起到了不可估量的作用。

图10-13 某手机品牌的口号

成功的营销口号具备十分易读易记的特点,听完一遍会不断地在用户的大脑中进行循环,深深地刻印在他们的脑海中。简言之,让用户留下深刻的印象,其实就是营销口号应该起到的效果。接下来将为读者们分析一下好的宣传语应该遵循哪些原则。

1. 越简洁越好

一般的品牌都会选择简洁的宣传语,便于宣传语的传播,扩大品牌影响力。图10-14所示为某巧克力派的营销口号。

图10-14 某巧克力派的营销口号

虽然仅仅5个字，但"有仁有朋友"这个营销口号营造出一种温馨的氛围，体现了人与人之间友好的交往，充满正能量，同时也很符合休闲食品的定位。

专家提醒

好的营销口号应该和视觉营销相结合，不断地吸引用户，加深用户记忆点，树立品牌形象。

2. 在营销口号中点出品牌范围

有一些名牌在构思营销口号时，会选择将品牌功能在其中点明，这样就能立马让买家知道品牌所销售的范围。比如某网站短视频广告选择的营销口号就是"找工作，上XX直聘"，这就很明显地指出了该网站是一个招聘平台。

3. 带韵脚更方便记住

在幼年时期背诵诗歌的时候，小朋友们都会比较喜欢有韵脚的诗词，因为朗朗上口更加便于记忆。其实营销口号也是同样的原理，有韵脚的广告词念起来更顺口，多念叨几次也就记住了。比如某饮料的广告词为"让你心跳，不如尖叫"。这一句很多读者应该都是十分熟悉的，一般听到上半句就会顺口补出下半句来。

专家提醒

企业或商家在设计营销口号时，应该尽可能在营销口号中向消费者传递更多产品信息，帮助消费者了解自身品牌的定位以及主打风格，从而寻求消费者与品牌的契合点，激发消费者的好奇心。好的营销口号应是积极乐观向上的，因此，设计的营销口号除了要朗朗上口、易于传播外，还应注重其社会作用，注重社会正能量的传播。也只有具有激励作用的营销口号，才能为企业品牌注入活力。

10.1.7 以活体代表品牌相关形象

品牌活体指的是充当品牌形象的人或物，主要分为4种类型，如图10-15所示。

图10-16所示为某休闲食品的品牌活体。该品牌活体是三只量身打造的可爱俏皮的松鼠，它们既能体现产品的形象特征，又拥有动态的卡通形象、暖心的

语言、生动的表演以及软萌的外在形象，大大地增加了企业或商家品牌的记忆点，给消费者留下了不可磨灭的印象。

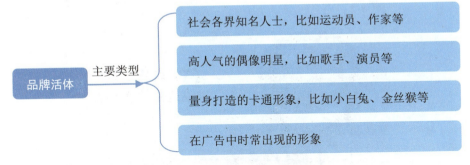

图 10-15　品牌活体的主要类型

图 10-16　某休闲食品的品牌活体

10.1.8　色彩：风格独特，选择惯用的主色调

从视觉营销角度来说，如何吸引用户与留住用户是较为重要的问题。所以，许多商家愿意在视觉设计上花了很多心血。其实就设计来说，色彩的构造是一个基础却又复杂的学问，下面将重点分析两个案例，商家可参考这两个案例，将自己的店铺设计得更具美感。

精致的色彩搭配会让人觉得赏心悦目，产生兴趣，很多品牌店铺的配色都与它产品的定位有关，比如某护肤品牌，如图 10-17 所示。

进入官方旗舰店，很明显可以看出，该店铺整体色调都是粉色系，其实这是因为该护肤品牌主打的就是"清透遮瑕"，因此并没有跳出一个突兀的大红色或是黄色，这个配色比较舒缓，基于此种考虑的色彩搭配，可以让消费者在浏览时比较舒服，不至于被太多颜色晃花眼睛。

图 10-17　某护肤品店铺的界面

当然，除去这种比较清新的色调搭配以外，也有一些品牌故意使用差异很大的颜色进行碰撞，制造出富有生机的感觉。但是一般运用这种配色的，都是少女系的服装品牌。举个例子，某服装品牌主打的是少女系服装，该品牌的官方旗舰店首页配色十分大胆，如图 10-18 所示。

图 10-18　某服装品牌的官方旗舰店首页

10.1.9　字体：个性鲜明，增加用户的辨识度

品牌的字体设计也是视觉效果中的重要组成部分，因为字体设计的好坏能够影响客户对于品牌的辨识度和认知度，从而进一步影响产品的销量和视觉营销的效果。

一般而言，品牌字体的设计是为了成功进行短视频视觉营销而做的基本工作，因此需要注意一些细节，如图 10-19 所示。

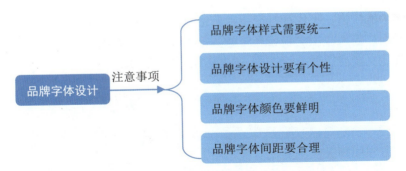

图 10-19 品牌字体设计需要注意的事项

10.2 视觉认知：信息高效传达的六个技巧

成功的视觉营销能很快抓住用户的眼球，让他们自愿停留和沉浸在氛围之中，接受商家想要传达的营销信息。下面为大家介绍 6 个高效传达信息的技巧，做好视觉营销基础工作。

10.2.1 何为视觉营销，有何意义

随着电子商务的迅速发展，视觉营销的作用也越来越重要，因为首先映入消费者视野的是产品的图片。在这个被信息包围的世界中，无论是走在大街上，还是打开电脑和手机，都会接触到各式各样的广告。图 10-20 所示为豆瓣社区中的广告。

图 10-20 豆瓣社区中的广告

网络中的广告，不仅在社交平台俯拾皆是，在短视频平台也是随处可见。那么，如何用广告来吸引消费者产生购买行为呢？视觉营销是关键。一般而言，视觉营销的定义要点包括4个方面，如图10-21所示。

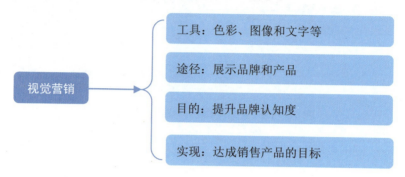

图10-21　视觉营销的定义要点

以抖音短视频为例，一打开短视频，就会看到让人移不开目光的视频和文字，如图10-22所示。从图10-22中可以看出，无论是精彩无比的视频内容，还是创意十足的文字，都足以对浏览者造成视觉冲击，从而点击购物车，进入商品的购买界面下单，这就是视觉营销。简单地说，视觉效果只是方法，网络营销才是目的，二者不可分离。

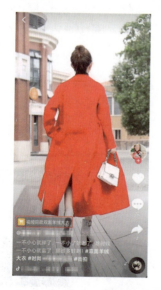 

图10-22　抖音短视频

而视觉营销的意义则更加清晰明了，特别是商家的视觉营销，因为它本来主要就是利用效果较好的视觉表达吸引消费者，给他们留下良好的印象，从而将产品销售出去。因此，店铺视觉营销的意义其实也跟销售额密切相关，主要体现在3个方面，如图10-23所示。

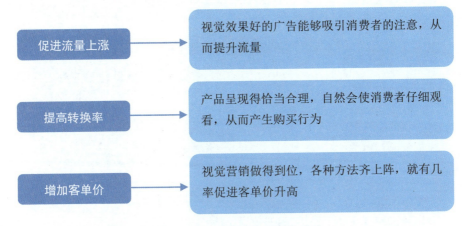

图10-23 店铺视觉营销的意义

此外，视觉营销还能有效提升消费者对品牌和产品的信任度，从而增强品牌的认知度和好感度，让消费者进行再次购物，赚取更丰厚的利润。

10.2.2 了解消费者的购物流程

要想弄懂视觉营销，商家就应该先了解消费者的购物流程，学会从消费者的角度分析他们的心路历程。值得注意的是，这个购物流程可能不是严格按照步骤顺序进行的，因为很多消费者会略过某些步骤直接进行购买，只能说这是一个概括性的方法。

首先，消费者为什么会购物？因为他们产生了购买欲望，所以选择购物。接下来，商家应该考虑到潜在消费人群有哪些，从而确定目标受众。在考虑这一点的时候，应该注意几个事项，如图10-24所示。

图10-24 考虑潜在消费人群的注意事项

然后，消费者就要开始对产品做出选择了。在这一环节中，消费者会主要考虑以下这些信息，如图10-25所示。

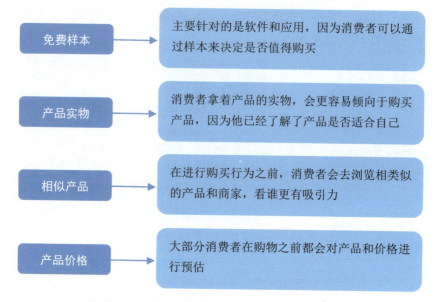

图 10-25 消费者做出选择时主要考虑的相关信息

针对以上信息，商家需要注意的事项有以下 3 个，如图 10-26 所示。

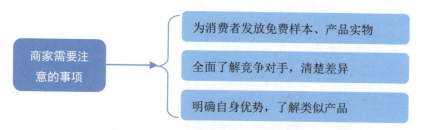

图 10-26 商家需要注意的事项

同时，消费者在了解产品和商家的相关信息时，会采用多种不同的途径，如图 10-27 所示。

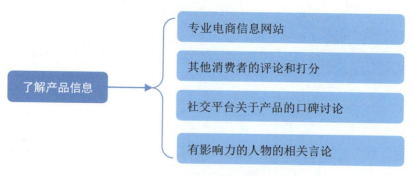

图 10-27 了解产品信息的主要途径

在这个问题上，针对消费者的行为，商家应该注意的事项主要有 3 点，如图 10-28 所示。

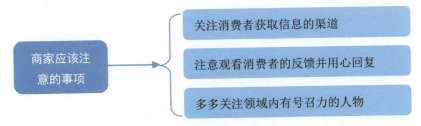

图 10-28　商家应该注意的事项

最后，就是消费者进行购买行为。这里看起来好像已经完成了购物之旅，实际上，对于商家和消费者而言，并不是真正的结束。由于是网络购物，因此消费者还会关注一些客服问题，如图 10-29 所示。

同时，商家就应该对这几个问题进行反省和提升。从这些大致的购物流程来看，商家只有亲身经历了购物，才能清楚了解消费者的心路历程，从而精确地为他们提供想要获得的信息和服务，顺利地进行视觉营销。

图 10-29　客服问题的具体内容

10.2.3　创造视觉内容的注意事项

商家在利用视觉效果促进营销时，比较重要的一点就是明白到底需要创造什么样的视觉内容，或者说，在打造视觉内容时应该注意哪些问题。

很多商家在打造视觉内容时没有清晰明确的思路，或者考虑的因素并不全面，就会造成视觉混乱。而真正成功的视觉营销需要优质的视觉内容作为支撑，因此商家需要注意一些问题，如图 10-30 所示。

如果注意了这些问题，再对细节方面多多注意，商家就能打造出比较优质的视觉内容，从而有效吸引流量。

优质的视觉内容往往与简洁、突出重点的文字、精美而真实的图片相连，这也是它能够吸引消费者购买的原因，如图 10-31 所示。

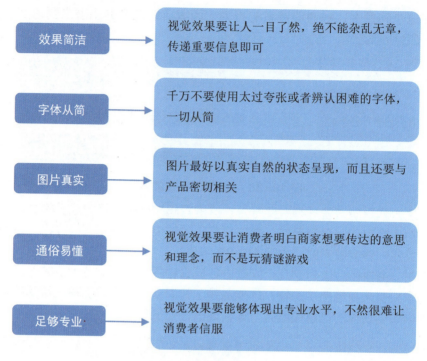

效果简洁	视觉效果要让人一目了然,绝不能杂乱无章,传递重要信息即可
字体从简	千万不要使用太过夸张或者辨认困难的字体,一切从简
图片真实	图片最好以真实自然的状态呈现,而且还要与产品密切相关
通俗易懂	视觉效果要让消费者明白商家想要传达的意思和理念,而不是玩猜谜游戏
足够专业	视觉效果要能够体现出专业水平,不然很难让消费者信服

图 10-30　优质视觉内容的标准

图 10-31　优质的视觉内容

> **专家提醒**
>
> 当然，在创造视觉内容的时候，商家还有一点需要注意，那就是究竟什么素材适合自己的产品和品牌。
>
> 任何商家在进行视觉营销时，都是为了销售产品和传达品牌理念，从而获得持续的收益。那么，运营者在创作视觉内容的时候，就需要对自身进行剖析和细分，这样一来，就能将品牌、产品和视觉内容有机结合在一起了。

10.2.4 视觉内容的分数与标准

任何事物都需要用内容作支撑，视觉营销也是如此。可以说，视觉内容是展开视觉营销的基础，它需要具有价值，不然消费者不会欣然接受，当然也就无法顺利进行视觉营销了。

而且，随着线上购物的不断发展，以及口碑效应的日益累积，消费者的评论和反馈显得越来重要，他们传递的视觉内容同样也影响着商家的销售额和品牌形象。那么，不同的商业类型究竟适合什么样的视觉内容呢？这里将其总结为几点，如图10-32所示。

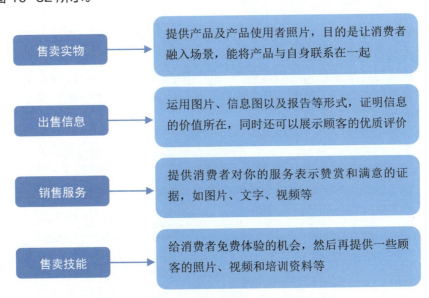

图10-32 不同商业类型适用的视觉内容

了解了不同商业类型适用的视觉内容之后，商家还要为视觉内容的优质与否制定标准，如图10-33所示。

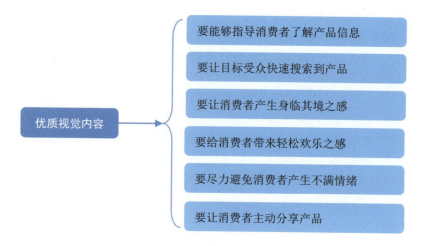

图 10-33　优质视觉内容的标准

商家做到了以上几点,那么视觉内容就可以算得上是比较出众了。当然,还有一点不可忽视,那就是视觉内容要遵从简单的原则——通俗易懂。而且,商家在打造内容时,还要对消费者做出保证,这样的话,才能够为后续视觉营销的成功打好坚实的基础。

10.2.5　使用图形与可视化工具

在传达营销理念的时候,图形和可视化工具是不错的选择,而这对于短视频视觉营销也是不可或缺的。

图形更容易概括信息,也能够避免人们长时间地观看冗长呆板的文字,可视化工具主要有思维导图、饼图以及表格等,图形的具体优势主要体现在以下 6 个方面,如图 10-34 所示。

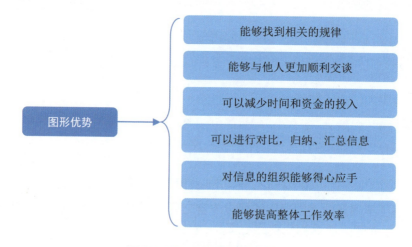

图 10-34　图形的具体优势

专家提醒

图表的形式主要分为五种,即流程图、层级图、折线图、维恩图以及时间线,下面对它们进行具体分析。

(1) 流程图:适用于展示事情运作的具体步骤,比如,介绍产品。

(2) 层级图:比较适合展现案例调查报告,因为它可以对事物进行分类,从而展示其相互联系。

(3) 折线图:它是为产品的销售状况量身打造的,能够记录一段时间的数值变化状况。

(4) 维恩图:又名 Venn 图、文氏图、温氏图以及范氏图,它通过圆圈来表述不同信息的内容。

(5) 时间线:与时间密切相关,主要体现时间与数据的关系。

至于可视化工具,除了以上提到的几种,还有 PowerPoint。以前做演示报告大部分都是用 PowerPoint,而随着信息技术的飞速发展,如今不仅可以用 iPad 做报告,还能使用手机移动端。下面作者将介绍几种便捷的工具,如图 10-35 所示。

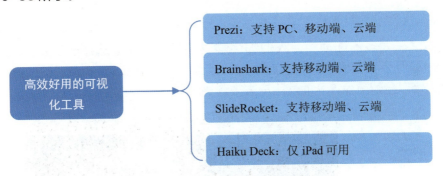

图 10-35　高效好用的可视化工具

10.2.6　利用视觉相关专业知识

视觉营销中的封面包装与店铺装修还可利用专业知识进行强化,因为掌握消费者的心理是传达信息的重中之重。本节将专门介绍几种常用的视觉布局。

1. 突出重点信息

图形是有界限的,包括一定的范围,而画面之中的内容所处的位置代表了它的地位。一般而言，重要的信息会放在显眼的位置，而次要的信息则会放在角落。因此，在进行视觉营销时，要把重要的信息放在图片中间，而且想让消费者一次性看完的信息要放在一起，尽量避免分开。图10-36所示为品牌营销广告对重点信息的凸显。

图10-36　品牌营销广告对重点信息的凸显

有的商家不注重产品图片位置的摆放，没有突出重要的信息，比如折扣、优惠等，就会白白错过大量的消费者，因为消费者是不会花时间去自己筛选重点的，这个必须要商家自己来注意。

2．陈列简单的信息

通常在太多的选项中，人们都会难以抉择，从而造成疲于选择的后果。图10-37所示为某商家的店铺首页，杂乱无章的信息分布，没有条理的位置摆放，会让人难以分辨重点，从而使用户失去购买的欲望。

图10-37　某商家的店铺首页

图 10-38 所示为某护肤品美容官方旗舰店首页，它给人带来一种舒适的视觉效果，不仅在色彩上十分和谐，而且对信息进行了合理的布局，突出重点，导航清晰。显而易见，这样的视觉效果更容易得到消费者的青睐，能更有效地提升店铺的转化率，促进产品的销售。

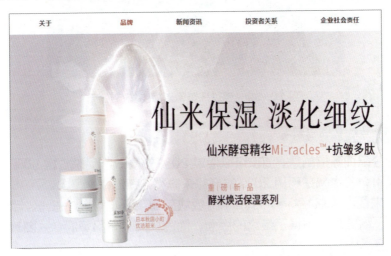

图 10-38　色彩一致、信息有序的首页

3．自然的场景带入

由于心理作用，消费者有时会把自己带入到图片场景中，特别是当画面场景与消费者心理高度吻合时，效果会更加显著。因此，商家在拍摄产品时，应该首先找准受众，然后对产品进行准确的定位，最后就是根据定位和受众来拍摄短视频。如图 10-39 所示的短视频不仅以暖阳、光晕、青山、绿水以及湖边小筑组合成的画面展示了该旅游景点的美，还通过游客摄影的状态进行渲染和烘托。可以这么说，该短视频寥寥几个画面，将西欧美景全景式地展示在用户眼前，从而吸引用户前往该景点观光旅游。

专家提醒

场景营销需要利用消费者的感性心理，要让他们在看到图片后就能够产生情感共鸣，从而对商品产生好感。

当然，这就需要商家在设计视觉效果时，把握好场景和产品的契合度，尽量用恰当的图片，继而从视觉效果中传达出自己的营销理念及产品特色。

图 10-39　通过场景带入旅游宣传广告

4．合理分配页面资源

合理分配资源指的是，商家可以通过 20% 的高效产品来占据 80% 的内容、位置和吸引力，也就是利用 20% 的产品来赢得 80% 的利润。

一般来说，导航栏标有"hot"的版块就是店铺的营销主推区，即 20% 的热销产品，秋冬热卖占据了最大的版面，而商场同款和品牌清仓紧随其后。

5．简单的页面设计

凡事至简其实才是不容易做到的，而简洁对于打造视觉效果而言，也是重要的原则之一。实际上，消费者都比较喜欢简洁而且不费力的视觉效果，这样的话就能够更加快速地获取想要的信息。图 10-40 所示为某店铺中的产品宣传图，该商家采用了十分简单的设计，让用户对该产品一目了然。

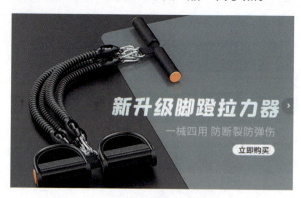

图 10-40　遵从简洁原则设计的视觉效果

6．运用通感移觉手法

对食物类的产品而言，商家运用通感的手法，可将视觉效果打造得格外细腻、逼真，或者看起来让人垂涎欲滴，就能够达到视觉营销的目的。图 10-41 所示为看起来十分美味的产品图。

图 10-41 应用通感效应的产品图

视觉心理学对视觉营销的重要程度是不言而喻的，除了以上几种视觉心理知识，还有很多种心理知识可以运用到视觉设计中。重要的是，商家要细心了解这些原则和方法，从而有效推动视觉营销。

专家提醒

人不同感官的感觉可以通过联想的方式联系在一起，比如"观世音"，声音本来是用来听的，但此处却用了"观"字，让听觉转换成了视觉；又比如宋祁的诗句"红杏枝头春意闹"，春意本身是视觉的特征，但诗人用了"闹"，因此视觉便转换成了听觉。以上两个案例都用了通感的手法，该修辞手法的概念及完整理论是钱锺书先生在《通感》一文中提出的。

7. 主次分明

在同一个商品橱窗中呈现商品，主次是要进行区分的，不然就无法有效突出重点商品，提升店铺的转化率。可能有的系列产品刚推出，不知道哪款产品更具优势，这个时候可以采用同等面积进行陈列，但如果已经明确了产品的优势方向，商家就应该对其进行面积的划分，如图 10-42 所示。

图中主要是为了突出价格比较适中的商品，因此在画面中占据了约二分之一的面积，对钜惠专区进行了强力推荐。

图 10-42　主次分明的商品陈列

8．颜色参差

不同的色彩相混合，会让人产生视觉冲击感，而相同色彩放在一起则会让人忽略商品的个性特征，"万花丛中一点红"就是颜色对比产生冲突之美的证明。如果没有色彩的对比，商品的特征就难以体现，那么也就别提转化率了。

图 10-43 所示为抖音橱窗中相同色系的商品陈列，因为色彩的相似，让人的眼光无法聚焦，很容易忽视其中的商品类型。

图 10-43　同色系的商品陈列

而具有强烈对比的色彩陈列就能更加吸引目光。图 10-44 所示为某抖音橱窗中的商品陈列，该橱窗中红绿色彩对比强烈，消费者的注意力容易被集中。

图10-44 色彩对比强烈的商品陈列

专家提醒

颜色冲突能够聚焦消费者的目光,但色彩的对比也不能频繁杂乱地使用,凡事都要掌握分寸,从色彩对比中可以展示冲突之美,也可以呈现破坏之景。因此,色彩的对比要适当运用。

9. 风格统一

商家对商品进行陈列时,风格与类型需要进行规划,不能随意搭配陈列。比如裤子和裤子放在一起,袜子和袜子放在一起;甜美的风格放在一起,通勤款放在一起。这样的话,就可以把有固定需求的消费者集中在一起,从而有效推动商品点击率和营销转化率的提高。

图10-45所示为各种类型、风格不一的鞋子,有夏天穿的通勤款的粗跟凉鞋、有秋天穿的舒适平底皮鞋,还有冬天穿的保暖鞋。这几种商品陈列在一起,显得没有逻辑,杂乱无章,让消费者摸不着头脑。

再来看相同类型的商品陈列在一起的视觉效果。如图10-46所示,将同样都是淑女风格的低跟鞋放在一起陈列,不仅对消费者选购商品有利,而且还能通过这样的陈列方法找出同类商品中具有优势的商品,从而考虑将热销商品展示在更显眼的位置,促进商品的销售。

图 10-45 风格不一的商品陈列

图 10-46 同类型商品的陈列

商品陈列主要是为了让消费者看清楚商品的特征和优势,从而推动商品的销售。陈列的时候既不能太多也不能太少,多了会杂乱,少了会显得库存不足,因此,要做到合理分配,既展示出商品的类型多样性,又重点突出商品特征。

图 10-47 所示为合理布局的商品,该运营者在模特的选用、色彩的搭配以及空间的安排上都有一定标准,打造了良好的视觉效果。

图 10-47 商品合理陈列

10.规划排序

了解了商品排列的基本方法后,短视频运营者就要对品类排序进行深入的研究和规划,品类排序的重点是既要美观,又要把店铺内热销的商品呈现在消费者面前。

以主打服装的店铺为例,一般而言,店铺界面应该优先展示上装,再对下装、配件等进行展示,如图 10-48 所示。

图 10-48　店铺界面对上装的优先展示

从商品的价格角度来看，如果价格高的商品位于前面，那么后面页面的价格偏低的商品就有更大的几率销售出去。图 10-49 所示为某品牌排序，下面一排的商品价格明显比第一排要低一些，消费者在看到高价商品后，再注意到低价商品，就会比较容易接受。

图 10-49　价格不同的品类排序

此外，品类排序需要对商品的特征、类型进行深入了解，最好是能够与经营产品和知识渊博的专业人士交流沟通，利用价格来对商品进行陈列。

在进行品类排序时，需要根据商品种类的不同进行区分，短视频运营者在排列同类商品的时候，根据价格的对比性，可以把产品按照"低中高"或"高中低"的顺序予以展示。图 10-50 所示为某运营者店铺的商品陈列方式。

对于追求高性价比的消费者来说，中等价格商品是较佳选择；对于不在乎价格的消费者而言，高价格商品值得购买；对于价格敏感度高的消费者而言，低价格商品则是为其量身定做的。

图 10-50　商品按价格"低中高"或"高中低"的顺序陈列

对于店铺整体页面的品类排序而言，主要有四大板块，如图 10-51 所示。

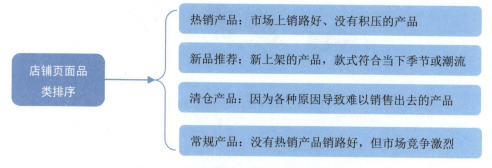

图 10-51　店铺页面品类排序的板块构成

品类的排序并不仅仅与页面的设计相关，而且还和店铺的运营、产品的开发、仓储等密切联系。因此，商家在对店铺的商品陈列进行视觉设计时，不能一意孤行，而是要和各个不同的部门交流沟通，从而规划出适应于店铺的品类排序。如此一来，才能策划出优秀的品类排序，从而不断提升商品和店铺的点击率和营销转化率。

第11章
搜索营销：优化平台数据提升排名

> **学前提示**
>
> 各平台的搜索入口是一个重要的分享和引流入口，因为有了分享入口和粉丝入口，搜索营销才能产生最大的作用，甚至能左右商家账号的发展。
>
> 因此，商家要做好搜索营销工作，通过优化的策略和技巧，全面占领流量。

11.1 基本认识：为何要做数据分析

影响搜索营销的因素有很多，不同类型、不同领域的账号都有其不同的影响因素，商家需要从搜索入口分析，找出能够优化搜索营销的方法。下面以微信为例，具体分析搜索营销优化的方法。

11.1.1 入口优化技巧

在移动互联网中，商家要想通过优化入口的方式提高搜索排名，进而提高营销效率，首先需要了解有哪些能够优化的移动入口。在微信上，商家能优化的入口主要有以下几个，分别是微信搜索入口、搜狗搜索入口和平台收录入口。商家了解了能优化的入口后，就可以进行具体优化操作了。

1．微信搜索入口

微信搜索的内容入口目前有 6 个，微信公众号、小程序和朋友圈都可以找到专门的搜索入口，如图 11-1 所示。

图 11-1　微信搜索的 6 个内容入口

2．搜狗搜索入口

搜狗搜索入口的优化重点是搜狗搜索的微信搜索入口。在搜狗搜索中，有专门的"搜狗 | 微信"版块，商家可以选择"公众号"和"文章"搜索微信公众号账号或微信公众号发布的文章，如图 11-2 所示。

那么，商家要如何优化搜狗搜索入口呢？搜狗搜索平台的内容收录主要按"关键词匹配"的方向，从标题和内容上进行选取和匹配，下面以图解的形式分析，如图 11-3 所示。

图 11-2 "搜狗|微信"版块

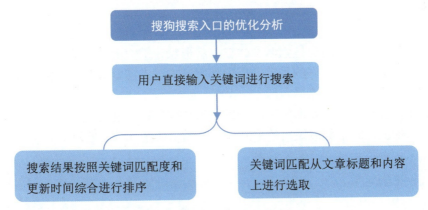

图 11-3 搜狗搜索入口的优化分析

因为搜索结果主要是根据关键词的匹配程度进行排序的,所以影响微信搜索排名的因素有很多。在这里,建议运营者从最根本的微信搜索内容优化入口入手,图解形式的分析如图 11-4 所示。

3. 平台收录入口

平台收录入口的优化主要指商家将自己的公众号文章发表在其他平台上,以接入更多入口的方法,扩大文章的传播广度和深度。

一般来说,商家除了微信和微博推文外,还会经常使用一些自媒体平台来推广账号或内容,比如今日头条、一点资讯、简书、百度贴吧、网易媒体、百度百家、企鹅媒体号和 UC 大鱼号等。

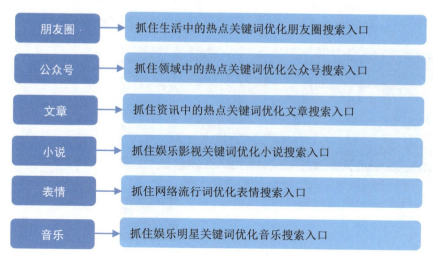

图 11-4 微信搜索内容入口的优化分析

11.1.2 品牌建设

商家在销售产品时总是强调要建立品牌形象，扩大品牌影响力。作者发现，一个好的品牌或口碑良好的品牌，用户都愿意主动去搜索其产品，因此品牌形象也可以作为搜索营销的流量入口。

商家建立自己的品牌形象有利于增加粉丝数量和粉丝黏性，那么，他们如何建立品牌形象呢？下面以图解的形式分析介绍，如图 11-5 所示。

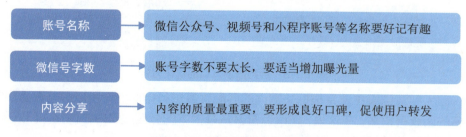

图 11-5 建立品牌形象的分析

其实，建立品牌形象最重要的地方还是质量，用户看到了有质感的内容，才会接受内容的传播，主动去分享，形成病毒式传播。如果商家只是一味地注重分享和推广，这并不利于账号的长久发展。

11.1.3 粉丝黏性，增强留存

增强粉丝黏性就是提升粉丝的支持度和促进粉丝推荐度，以实现粉丝经济。粉丝黏性越大，流量入口就越大，下面以微信生态为例，从 3 个方面介绍增强粉

丝黏性的方法。

1．用活动活跃氛围

在微信视频号、公众号、小程序和朋友圈进行营销时，举办活动是最能提升用户黏性的方法，也是最直接的推广引流的技巧。

2．用人脉圈汇集铁粉

对微信视频号、公众号、小程序和朋友圈来说，铁杆粉丝的行为都具有积极的作用。就像对娱乐明星来说，不论是出专辑、拍写真、开演唱会，还是电影公映，铁杆粉丝都一定会支持。因此，商家要想增强粉丝黏性，可以将已有的粉丝通过微信粉丝群汇集起来，用交流打造铁粉。

3．创造话题引领分享

在当今这个信息化飞速发展的时代，无话题不营销。话题就是一个搜索营销的绝佳入口，即使是有身份有地位的大企业家也不免需要博眼球，炒话题。比如，某些网红炒作早已是过眼云烟，但他们的事迹还是持续被网民热议着。

11.2 流量占领：研究搜索关键词

在搜索营销中，关键词对搜索结果有着极为重要的影响，关键词是表达主题内容的重要部分。一般来说，用户搜索都是直接输入关键词进行需求搜索。因此，商家要想在某个流量入口上引流，首先就要让别人能搜索到自己的内容，要想做到这一点，商家需要研究关键词。

11.2.1 如何理解关键词

商家要想更全面地深入搜索的世界，就得依靠"关键词"。"关键词"可以决定商家发布的内容是否成功，只要关键词放置得当，就能为企业或商家创造出一定的营销收益。因此，商家需要比较好的写作基础和视频制作能力，以及敏锐的产品和消费者观察力，这样才能完整地掌握搜索营销中需要的关键词。

关键词一般是产品、服务、企业或网站等，可以有一个，也可以有多个。一般来说，搜索营销中的关键词类别分别有以下 3 种。

1．核心关键词

所谓"核心关键词"，就是与商家发布内容主题相关的最简单的词语，同时也是搜索量最高的词语。比如，某账号是一个 SEO 服务型账号，那么它的核心关键词就是 SEO、网站优化和搜索引擎优化等。

此外，核心关键词也可以是产品、企业、网站、服务、行业等一些名称或是这名称的属性、特色词汇，例如 XX 减肥茶、XX 公司、XX 网以及 XX 摄影师等。那么，商家应该如何选择核心关键词呢？具体分析如下。

1）与账号紧密相关

这是核心关键词选择中基本的要求，如果是做服装销售的，而关键词却取的是电脑器材，那肯定不行。商家要明白，核心关键词与整个账号的主题内容是息息相关的，不可分割的。

核心关键词要与账号紧密相关，具体表现在 3 个方面：

- 要让搜索者明白商家账号是做什么的，也就是核心关键词要与账号的领域有关联。
- 要让搜索者了解商家账号能够提供什么服务，也就是要表现出账号的功能。
- 要让搜索者知道商家账号能为其解决什么问题，也就是要突出账号的价值和特色。

2）符合用户搜索习惯

商家运营平台账号的目的，除了是把它作为分享生活的窗口外，最终还是希望能变现。那么，商家就需要为自己的受众服务，以达到变现的目的。既然这样，那么商家在设置关键词时也要考虑到用户的搜索情况。

在选择关键词时，商家可以列出几个核心的关键词，然后换一下角色，思考当自己是用户时会怎么搜索，从而保证核心关键词更接近用户的真实搜索习惯。

3）有竞争性的热词

作者发现，很多的词语容易被搜索到，其原因之一就是竞争，被大家搜索多的词语才是最有价值的词语，但这种词一般都是热词。而与其相对的是冷门关键词，冷门关键词虽然排名好做，却没人去搜索。

在此，就不得不提及关键词的竞争程度了。关于关键词竞争程度判断的问题，可从搜索次数、竞争对手的数量、竞价推广数量和竞价价格这 4 个方面分析。

2．辅助关键词

辅助关键词，又称为相关关键词或扩展关键词，主要是对账号内容中的核心关键词进行补充和辅助。与核心关键词相比，辅助关键词的数量更多、更丰富，更能够说明商家的意图，对商家账号有着优化作用。

辅助关键词的形式有很多种，可以是具体的某个词汇，也可以是短语、网络用语或流行词，只要能为账号引流吸粉，都可以称为辅助关键词。例如，某商家账号发布的内容其核心关键词是"摄影"，那么"手机摄影""相机""短视频"

等都是非常好的辅助关键词。

在搜索营销中，商家通过对核心关键词进行增删，便可得到辅助关键词。例如，核心关键词"摄影"与"技巧"这个词组合后，就产生一个新的辅助关键词"摄影技巧"。

在搜索结果展示中，辅助关键词可以有效增加核心关键词的词频，提高商家账号被检索的概率，从而增加账号流量。具体来说，辅助关键词具有3个方面的作用，即补充说明核心关键词、控制核心关键词密度和提高视频号检索的概率。

3．长尾关键词

长尾关键词是对于辅助关键词的一个扩展，且一般长尾关键词都是一个短句。例如，一家 SEO 服务型商家的长尾关键词就是"哪家 SEO 服务公司好""平台 SEO 服务优化找谁"等。

长尾关键词的特征是比较长，往往是 2～3 个词组成，甚至是短语，除了视频或文章标题外，还存在于文案内容中，因而商家账号大部分搜索流量来自长尾关键词。一般来讲，长尾关键词的拓展方式有以下 6 种。

1）流量统计工具

商家可以通过其他平台的流量统计数据，来预测视频号搜索热词。比如，抖音、快手等短视频平台可以通过飞瓜数据和飞瓜快数平台统计流量，分析出用户的搜索行为，如图 11-6 所示。

图 11-6　飞瓜数据与飞瓜快数的主界面

2）问答平台及社区

问答平台是网友用来解决问题的直接渠道之一，问答平台上虽然充斥着大量的推广和广告问答，但也有大量真实用户的问答。而且，在问答平台中回复网友问题的人，大多数是专家或问题的相关领域工作者。因此，平台中会出现大量具有专业性或口语化的长尾关键词。

3）站长工具及软件

目前站长工具像站长之家、爱站网和站长帮手都有类似的关键词拓展查询，并给出关键词的搜索量以及优化难度，能使商家拓展出具有一定价值和流量的关键词。

4）搜索引擎的工具

百度竞价的后台就是一种可以用来拓展长尾关键词的搜索引擎工具，还有谷歌的网站管理员工具和百度的凤巢竞价后台，都是非常好的查询关键词的工具，而且在搜索的次数和拓展词量上也比较真实可靠。

5）拆分组合

拆分组合是很常见的一种拓展方式，它主要是对目标关键词进行分析拆分，然后再组合在一起，使其变成一个新的关键词，可以产生大批量的关键词，虽然与先前的几种方法相比，在性价比上没有那么高，但是可以全方位地进行拓展，将关键词都覆盖住。因此，拆分组合是一种全面撒网式拓展方法。

6）其他方法

除了以上方法外，商家还可以抓取竞争对手或同行的长尾词，进行分析和筛选，存入关键词库。又或是利用一些风云榜和排行榜的数据，用截取中心词的方式来拓展长尾词。

11.2.2 关键词的营销价值

什么是有营销价值的目标关键词？简单地说，就是有人搜索的目标关键词才有营销价值。因此，商家需要研究关键词，知道哪些关键词确实是有用户在搜索。

而商家要发掘有营销价值的目标关键词，其实就是要避免那些无营销价值的目标关键词，通常无营销价值的目标关键词具有以下两个表现，如图11-7所示。

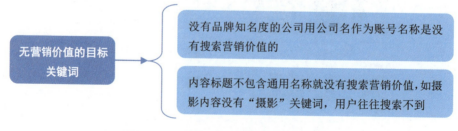

图11-7　无营销价值的目标关键词分析

11.2.3 关键词流量转化

为什么要研究关键词抢占搜索营销的流量入口？商家要清楚自己的目标并不是单纯地为了流量，而是要转化为流量。下面以视频号"XX 摄影训练营"为例，为大家进行分析介绍。

视频号"XX 摄影训练营"因为在关键词优化上做得很好，所以很容易被视频号用户搜索到。图 11-8 所示为视频号"XX 摄影训练营"的内容界面。所以，该视频号"手机摄影训练营"获得不少用户的关注，如此一来，该视频号的粉丝数量也得到了增长。

图 11-8 "XX 摄影训练营"视频号的内容界面

有了数量众多的粉丝作为基础，商家之后进行引流、推出会员制、举办营销活动就可以水到渠成了，如图 11-9 所示。

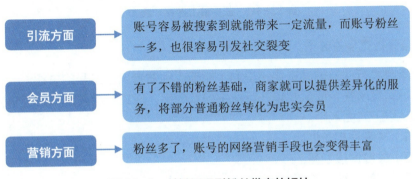

图 11-9 关键词吸引粉丝带来的好处

11.2.4 关键词细化服务

关键词对搜索营销至关重要，因此商家在选择关键词时，需要通过分析，对关键词进行具化，从而细化服务，让关键词更好地满足目标受众的需求。对此，商家应重点做好 4 个方面的工作，具体如下。

1. 从行业状况分析

商家运营一个账号肯定需要事先去了解自己所在行业的账号数量以及排名情况，确定关键词的思路也是一样。例如，某账号是美食类的账号，那么商家在搜索时就要以"美食"这个主关键词去了解行业的关键词状况，如图 11-10 所示。从图中可以看出，美食行业一般都是以"美食"为关键词，且比较常见、比较热门的视频都是以"美食"为关键字。

图 11-10　在平台上搜索"美食"

2. 分析竞争关键词

商家收集行业关键词主要还是为了能够找到适合自己账号的关键词，不过关键词也具有竞争性，商家要想在行业中脱颖而出，应先分析关键词的竞争性，具体可以从以下方面入手。

（1）关键词相关性。

（2）关键词搜索量。

（3）关键词商业价值。

一般来说，选择性的关键词，即二级关键词，与主关键词相比，它的竞争力要小，在关键词的搜索量上也相差不大，但是发展时间较长，若商家的时间允许，可以先从二级关键词进行推广引流。

3．预计关键词价值

预计关键词搜索的流量和价值一般是大公司的关键词研究项目，商家及小型企业能够找到适合的关键词就不需要做这一步工作了，而且预计流量对商家的发展很重要，一般会有专门的团队负责进行分析和总结。下面从两个方面进行分析介绍。

（1）确定目标关键词的排名。商家根据在百度指数上或其他分析关键词的工具上的关键词竞争指数，分析预计账号用此类关键词能得到什么样的排名。预计的排名肯定不会与实际的排名一样，无论排名如何，商家都要根据得到的实际情况进行关键词的再次分析，以便下次更好地预计排名。

（2）预计关键词流量和效果。商家确定了关键词的排名后，需要根据已有的搜索次数、预计排名以及搜索结果页来预计关键词流量和效果，下面从两个方向进行分析，如图11-11所示。

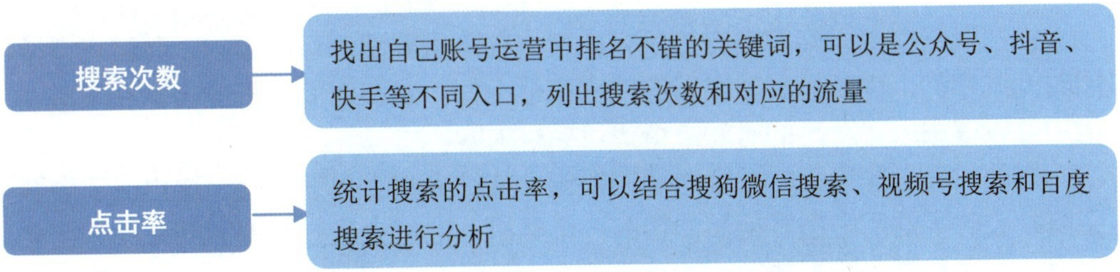

搜索次数	找出自己账号运营中排名不错的关键词，可以是公众号、抖音、快手等不同入口，列出搜索次数和对应的流量
点击率	统计搜索的点击率，可以结合搜狗微信搜索、视频号搜索和百度搜索进行分析

图11-11 预计关键词流量和效果的分析方向

4．预计关键词流量的营销价值

商家预计流量也是为了实现盈利，因此预计关键词流量的营销价值也是公司预计中的一个项目。得出预计流量后，运营者结合转化率、平均销量和平均每单的盈利这3项数据，就可计算出其流量的营销价值。

11.2.5　增加搜索成功的概率

搜索信息与被搜索内容的匹配度是搜索营销成功的关键，只有搜索信息与目标视频号内容产生一定的匹配关系，目标内容才可能被搜索系统检索发现。通常搜索的流程如图11-12所示。

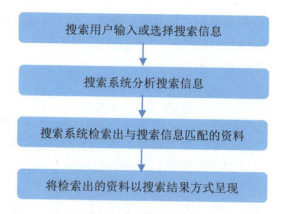

图 11-12　搜索流程

可见，搜索信息与被搜索内容的匹配度直接影响着搜索营销的结果，因此为了让内容能被搜索者正确地找到，商家十分有必要了解匹配度的相关知识。

一般影响内容搜索结果匹配度的因素有 3 个，分别是时间匹配度、类别匹配度和信息匹配度，下面是具体说明。

1．时间匹配度

在搜索营销中，商家发布的所有内容，在账号界面都可以看到，而且它是按照时间排序的，也就是最新发布的内容在最上面，发布时间越长的会越往下排，用户可以根据内容发布的时间来查找目标号内容。

媒体对于一些重大的社会时事的报道也往往会附上日期时间，这也成了想要了解社会时事的用户搜索相关内容的一个契机，他们会通过日期时间来搜索社会时事，以了解更多的相关内容。

譬如，在微信视频号平台上，经常能看到标注日期时间信息的短视频，如图 11-13 所示。搜索者以时间为标准搜索内容时，就很可能会匹配到与其所搜索时间相关的视频号内容。

2．类别匹配度

分类搜索是一种被广泛运用的搜索技巧，早期互联网上的搜索就是通过将网站进行分类，方便互联网用户根据自身需求进行匹配，查找目标网站。对于没有明确目标的搜索者，也能通过分类搜索确定一个大致的查找方向。

如果根据发布内容的类型去对内容进行分类，也不太合适，因为如今的内容生产者都在向多元化的方向发展，除了发自己账号垂直领域的内容，还会发布很多其他方面的内容，这时商家就可以将自己发布的内容简单地进行分类，方便用户根据自身需求匹配内容。

图11-13 标注日期时间信息的短视频

常见的内容分类的方法有两种,一种是在标题里加类别标签,另一种则是在短视频封面上添加类别标签。

3. 信息匹配度

信息匹配度是影响搜索营销的重要因素,大多数搜索者都是根据内容的信息进行搜索的,这些用于搜索的信息主要有两种,一是标题,二是内容,下面分别进行介绍。

1)标题的匹配度

标题是短视频内容的浓缩,应该体现视频内容的主题。但在互联网文化的影响下,出现了一些纯粹以搞怪或搞笑为主题的视频内容,这些短视频的标题与视频内容并不相符,其标题很可能还是对视频内容的歪曲和夸张。

这类标题没有切实反映视频内容,显然不能满足内容搜索的匹配度,所以不是搞笑或搞怪类的内容,商家最好不要采用这种做法。虽然这类夸张奇异的标题能一时吸引搜索者的眼球,但有些标题并不符合实际情况,也很容易引起用户的反感,不利于长期运营。

2)内容的匹配度

不只标题,视频内容也有主题跑偏或不符实际的情况,其中最常见的就是各类广告营销视频。对于这类广告营销视频,多数搜索者是十分反感的,毕竟花费了时间精力搜索，得到的却是与目标无关的东西。

对于这类情况，商家可以从标题和内容出发来增加视频搜索匹配度，一是在标题中添加"推广""好物"等标签，提醒搜索者这是广告；二是将广告推荐产品融入内容主题中，让搜索者在看到广告的同时，也能获得搜索目标，这样搜索者也不会太反感出现的广告。

11.2.6 主动思索新的关键词

当商家定下内容主题时，就很难再想到与主题相关的其他关键词了，思路很容易被已有的关键词或常用的关键词限制住，但是网络用户的思维没有被限制，用户会根据不同时刻的需求，能想到各种各样的关键词。这时，商家就需要具备能够发现用户搜索关键词的技能，这样才能尽可能地吸引更多用户的关注，增加自己内容的浏览量。

那么，商家如何培养这样的发现技能呢？商家应从发现新的关键词入手，下面以图解的形式分析介绍，如图 11-14 所示。

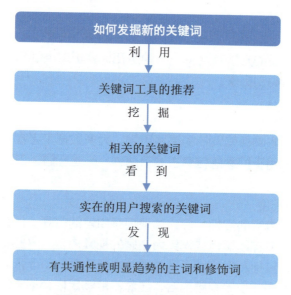

图 11-14　如何发掘新的关键词

11.3　设置技巧：提升内容曝光率

对于商家来说，没有有质量和效率的曝光率，他们就无法获得营销效果。如果商家认为品牌影响力没有深入人心，那么他可以从产品关键词的设置上入手，通过合理的关键词设置来获得曝光率。下面介绍 5 种设置关键词的技巧。

11.3.1 从用户角度思考

搜索营销的优势是能够消除人与人之间的距离感，运营者想知道用户如何搜索，就必须从用户的角度去思考和选词，积累用户的搜索习惯。

1. 搜索习惯

用户无论是在网站上，还是在短视频平台上，其搜索习惯始终不会改变。用户搜索习惯是指用户在搜索自己所需要的信息时，所使用的关键词形式，而对于不同类型的产品，不同的用户会有不同的思考和搜索习惯，这时商家就应该优先选择那些符合大部分用户搜索习惯的关键词。

一般来说，用户在进行搜索时，输入不同的关键词会出现不同的搜索结果，对于同样的内容，如果用户搜索关键词的习惯和商家所要表达的关键词形式存在差异，那么该界面的相关性会大大降低，甚至会被排除在搜索结果之外，因为大部分用户在寻找 A 界面，而某些商家提供的却是 B 界面。

因此，商家在进行关键词设置时，可以通过统计用户在寻找同类产品时所使用的关键词形式，分析用户的搜索习惯。

这里以微信的"搜一搜"为例来分析用户的搜索习惯。要分析用户在微信中的搜索习惯，可以在微信"搜一搜"的搜索栏中搜索"摄影"，搜索栏下方会显示出"摄影技巧""摄影大赛""摄影艺术欣赏""摄影比赛"和"摄影师"这 5 个结果，如图 11-15 所示。

图 11-15 在微信中搜索"摄影"

从图 11-15 中可以看出，搜索量大的结果会靠前显示，比较符合用户搜索习惯，如"摄影技巧"。

2. 浏览习惯

一般来说，在平台上搜索视频内容时，大多数用户都是在用眼球快速扫描搜索结果，而在扫描过程中，他们通常只会注意到自己感兴趣的内容，将主要精力集中在自己认为有用的内容或者自己喜欢的内容上面。

3．阅读习惯

人们的阅读习惯已经从传统的纸张转向互联网，又从互联网延伸到了移动互联网，尤其是手机 App 的应用和发展，使移动端成为人们阅读的首选。

随着 5G 时代的到来，人们已经从以文章为载体的长内容阅读时代，进入以视频为载体的短内容阅读时代。在无所事事时，相较于需要花费很长时间去阅读公众号文章，他们更愿意刷短视频。

11.3.2 向对手学习经验

常言道：知己知彼，百战不殆。在设置关键词时，建议商家深入了解竞争对手，摸清竞争对手的关键词及布局情况，这样不仅能找到优化漏洞，还能掌握目前关键词的竞争热度，以便进行人力优化部署，具体方法如下。

（1）商家在平台上搜与自己产品相关的关键词，重点查看和摘录在搜索中，排名靠前的关键词，然后作对比分析。

（2）商家到网站上查询与搜索结果显示出来的排名靠前的公司信息，或者搜索这些公司的公众号，然后分析他们的网站目录描述或公众号功能介绍，查看核心关键词或辅助关键词，统计出竞争者名单。

（3）商家分析自己账号上的客户信息，将客户购买的产品信息中出现的关键词统计出来，可将关键词的重要程度进行分类汇总，找出客户关注的重点关键词，从而进行更为精准的布局。

11.3.3 以故事形式引入关键词

用故事做引导这种类型的短视频营销必须由高手来制作，不然很容易偏题，过分注重故事的讲述，反而会忽略关键词的诱导。

好的故事应该紧紧围绕关键词本身来撰写，也就是为了这个关键词特别定做一个故事。而且，脑海里时时刻刻都要有关键词的概念，任何一句话，或者包袱的铺垫，最后都要归结到关键词上。

11.3.4 用八卦做关键词

谈论八卦是人们生活中不可缺少的娱乐方式，一般八卦新闻类短视频账号也容易吸引广大用户，如果商家想通过八卦新闻来选择关键词，就要注意八卦方向和内容。过于负面的八卦关键词虽然可以提高关键词搜索率，但是会引起明星粉丝的不满，不利于账号的持续发展。因此，商家也不要传播明星谣言，要实事求是。

对于明星效应，作者有自己不同的看法，与其介绍现有的明星还不如制造明星。现在十分火热的明星，很多完全是网友捧起来的。所以，商家可以利用当地的热点，然后借机设置关键词炒作，引起网友热议，以此达到一鸣惊人的宣传效果。

例如，《极限挑战》这档节目热播时，某位明星深受观众喜爱，因此众多短视频账号也借此推出了与该明星相关的短视频，不仅可以提高关键词的搜索率，还可以获得了大量用户的关注，如图11-16所示。

图 11-16　借助娱乐八卦获取关注

11.3.5　心得体会中插入关键词

很多商家都会发一些心得体会来吸引用户，即伪体验或伪感受，主要是利用人们的同感来寻找彼此共同的心灵上的融合点，通过这样大多数人都有的、共同性比较强的感受，引起用户点赞和关注。

比如，"90后"和"00后"现在都比较关注娱乐新闻，在看一部电视剧、电影或节目时，都会有自己的看法和心得，商家可以很自然地引出这些心得体会的来源，顺理成章地插入关键词。

让用户在刷短视频时，在有同样的体验和感受的前提下，再很自然地过渡到对应的关键词上。这样的诱导技术我们称为顺理成章型技术，营销效果非常好。

11.4　搜索优化：发挥关键词作用

从搜索营销的角度来说，商家想要利用关键词提高账号排名，可以从4个方向进行关键词优化，发挥关键词的作用，产生搜索营销的最大效果。

11.4.1 8个技巧优化关键词

搜索营销中的排名优化主要是对内容及名称的排名做优化，优化的方法很多，但有明显效果的优化方法却很少，下面介绍几种有效的优化排名的方法。

（1）标题关键词出现次数大于等于两次。

（2）自然地出现关键词，不能刻意为之。

（3）标题的第一句出现关键词。

（4）在内容封面加入关键词。

（5）在标题中带入话题，并把关键词加入话题中。

（6）别人的原创内容，忌直接转载。

（7）在评论中加入关键词引导。

（8）内容围绕关键词展开，关键词与内容主题有关。

11.4.2 两个妙招预测关键词

许多关键词都会随着时间的变化而具有不稳定的升降趋势，商家学会关键词的预测相当重要，下面从两个方面分析介绍如何预测关键词。

1．预测季节性关键词

关键词的季节性波动比较稳定，主要体现在节日和季节两个方面，如中秋节来临，"月饼""中秋"等关键词出现频率就大大提高了。又如，服装产品的季节关键词会包含四季名称，即春装、夏装、秋装和冬装等，如图11-17所示。

图11-17 季节性的关键词

季节性的关键词预测还是比较容易的，商家除了可以从季节和节日名称上进行预测，还可以从以下方面进行预测，如图 11-18 所示。

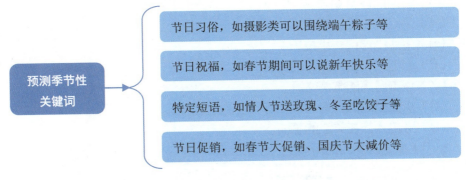

图 11-18　预测季节性关键词

2．预测社会热点关键词

社会热点新闻是人们关注的重点，当社会新闻出现后，会出现一大波新的关键词，搜索量高的关键词就叫热点关键词。

因此，商家不仅要关注社会新闻，还要能够预测社会热点，抢占时间，预测出社会热点关键词。下面介绍一些预测热点关键词的方向，给大家提供一些参考，如图 11-19 所示。

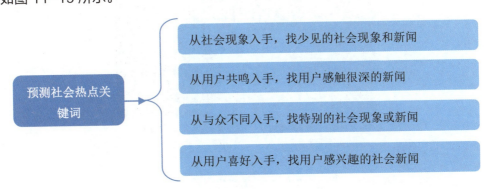

图 11-19　预测社会热点关键词

11.4.3　以热点带动搜索量

热点与热门不同，热门是表示关键词已经出来，并本身具有高的搜索量，主要在于关键词的选择，不需要商家预测。至于热门关键词如何选择，商家可以从以下几个方面进行分析，选择当下热门的关键词。

（1）社会热点现象、新闻。
（2）即将播出的影视剧。
（3）近期的体育动态。
（4）当红或走红的明星。
（5）生活小窍门、小技巧。
（6）原创的、引人深思的内容。
（7）点击量高的微信文章。
（8）点赞量高的抖音、快手等平台的短视频。
（9）身边人都在关注的事情。
（10）微信热点内的新闻。

11.4.4 用话题提升搜索机会

用户在使用关键词进行搜索的时候，带有关键词的话题通常也会显示出来，如图11-20所示。

图11-20 关键词搜索的结果界面

举例来说，如果关键词搜索匹配度与视频话题的匹配度非常高，就可以使商家在话题中连接关键词的效率得到提高。因此，商家在发布内容时，可以采用话题连接关键词的方法对搜索营销进行优化。

第 12 章

实战案例：《Vlog 短视频》图书的营销与推广

学前提示　在前面章节中，我们已经讲了很多网络营销的推广和营销方式，本章将以《Vlog 短视频》一书为实战案例，为大家介绍营销推广的操作方法，帮助大家学以致用，更好地掌握网络营销的各种方法。

12.1 实际操作：营销推广案例介绍

在前面章节中，已经为大家介绍过 10 种网络营销推广的方法了，相信大家对这些方法已经有了一定的了解。商家面对如此众多的网络营销的方法，可能会觉得纠结，不知道该选择哪种方式去宣传推广自家的产品。

我们认为，企业、商家或者个人在寻找营销推广方法时，不能只找单一渠道的推广方式和营销方法，应该把适合自己的方法综合运用起来，那样才是最保险的做法，同时获得的营销效果也是最好的。

接下来，将以《Vlog 视频拍摄剪辑与运营从小白到高手》（以下简称为《Vlog 短视频》）一书作为案例，带领大家进行实际操作，综合运用各种推广和营销方式，玩转网络营销。

12.1.1 了解作者理念

在收集《Vlog 短视频》一书资料时发现，该书作者"vivi 的理想生活"的理念很简单，同时又蕴含着深刻的生活哲学道理——"假如生活有 100 种可能，你我都可以选择第 101 种。"这一句话不仅是作者的生活理念，也贯穿了《Vlog 短视频》全书的主旨。

作者在生活中秉持此理念，为此她开始留意生活中的美，拍摄美食、风光、人像、人文和家庭等，在她的镜头下，一切平凡的事物也涸染上了色彩，变得令人着迷起来。

此时，Vlog 就不再是一个简简单单的视频博客了，它还是一个记录生活的工具，更是我们创造美好生活和发现生活美学的一种方式。因为有 Vlog 的存在，我们的生活变得更加富有仪式感，而仪式感让我们的生活变得更有格调。

12.1.2 了解自身产品

商家在做营销推广之前，首先要了解自家产品，如果商家在推广和营销自家产品时，对它丝毫不了解，那又如何说服别人购买该产品呢？所以，要首先大概了解此书的背景内容。

《Vlog 短视频》一书的作者"vivi 的理想生活"是微博上热门的视频博主，发布的 Vlog 作品浏览量超过 150 万。她是一位资深的美食博主、视频博主和创业导师，还是一位独立的网红咖啡馆主，喜欢做各种各样的美食，向大家传递生活的美好。

她在书中通过 18 章专题技术内容，详细向人们介绍了 Vlog 的拍摄与后期剪辑技巧，从前期拍摄、设备、题材、定位、构图、运镜、光线、道具、开头、结尾、封面、主题等，再到视频的后期、剪辑、成品拆解等，最后到 Vlog 的分享与个人品牌变现等内容，都做了全面详细的讲解。通过对《Vlog 短视频》一书的学习，读者可以快速成为一名优秀的 Vlog 视频大咖。

从网络营销角度来看，《Vlog 短视频》一书结构清晰，语言简洁，特别适合短视频创作者、Vlog 拍摄者、摄影爱好者、自媒体工作者，以及想开拓短视频领域的人员阅读，当然也可作为各类培训学校和大专院校的学习教材或辅导用书。

12.2 微信营销：带来更多商机

虽然短视频平台风头正劲，但微信凭借其用户基数，依然是产生流量和商家的大平台，因而微信营销没有过时，它依然很重要。接下来，我们以《Vlog 短视频》一书为例，为大家具体介绍微信营销的技巧。

商家利用微信进行网络营销，可以有很多的营销方法，其中最主要的，也是最常用的方法有 3 种——利用朋友圈、摇一摇和公众号。

12.2.1 朋友圈营销，分享产品信息

商家可以利用自己个人微信或企业微信，在微信朋友圈里发布营销信息。商家在发布营销信息时，可以用委婉的方式向他人推荐产品。商家以推荐的方式将产品展现给大家，并不会给人一种强行营销之感。此外，商家采用这种方法，可以很好地与微信好友进行交流，如图 12-1 所示。

图 12-1　在微信朋友圈发布信息营销

12.2.2 摇一摇营销，学会大撒渔网

商家可以通过微信的"摇一摇"功能进行网络营销。在使用摇一摇时，商家先需要设置微信账号信息，把自己的微信昵称、个性签名改成跟推广产品相关的信息，例如把昵称设置为"Vlog 视频拍摄"，头像放置书籍的照片，个性签名设置为"这里提供实用摄影书籍《Vlog 视频拍摄剪辑与运营从小白到高手》"。图 12-2 所示为设置好的微信账户的个人信息。

商家可以每天都利用"摇一摇"功能来推广这本书，摇到的人可以通过个性签名，看到这本书的推广信息，同时商家也可以主动向摇到的用户打招呼并推广信息，这样就形成了一种推广营销的模式，虽然效果不是很好，但只要坚持，总会出现彩虹，总会摇到一部分兴趣相投的好友。图 12-3 所示为通过"摇一摇"功能摇到的微信用户。

图 12-2 微信营销个人信息设置

图 12-3 微信"摇一摇"摇到的用户

专家提醒

需要注意的是，微信的个性签名有字数限制，所以商家应尽量用简洁的语言概括产品的营销信息。

12.2.3 公众号营销，连续发表软文

说到微信营销，那么商家就绝对不能错过微信公众号营销。微信公众号营销可以说是微信营销中的重要部分，只要做好了这部分相关的内容，其营销效果是

非常可观的。

图12-4所示为《Vlog短视频》作者在自己的微信公众号"vivi的理想生活"上连续发表了多篇软文，不仅向读者交代了该书的内容信息，还表明了该书的火爆程度，甚至将线下签售会的相关信息也讲述得非常清楚了。

图12-4　借助自己的微信公众号营销推广书籍

商家除了可以采用自己的微信公众号推广营销产品之外，还可以跟一些粉丝量多的微信公众号合作，将自己产品的广告放到这些公众号上，然后支付一定的广告费即可。譬如，《Vlog短视频》作者除了在自己的微信公众号上推送软文外，还和"手机摄影构图大全"公众号合作，推出了一系列营销软文，如图12-5所示。

图12-5　"手机摄影构图大全"公众号发的软文

总的来说，微信营销对商家进行网络营销还是非常有效的，商家只要长期坚持下去，终将获得成效。

12.3 视频营销：更加惹人瞩目

视频营销现在人尽皆知，商家借助短视频进行产品营销会是一个很不错的营销方法。接下来，仍以《Vlog 短视频》为例，为大家介绍视频营销的方法。

企业或商家在进行视频营销时，首先要选择合适的短视频平台，当今最热门的短视频平台自然是抖音、快手和 B 站，商家可以先从这 3 个平台下手，录制一段产品的视频——内容要吸引人，这样才能使用户有兴趣观看下去。

一般来说，商家可在短视频末尾稍微提及自己的产品，譬如《Vlog 短视频》作者在其短视频末尾提到："大家如果想要更细致地了解书中的内容，那么可以去当当网或京东商城查看《Vlog 视频拍摄剪辑与运营从小白到高手》这本书的内容，深入了解 Vlog 拍摄方法，肯定会让大家受益匪浅！"这种引导观看者去详细了解或购买该书籍的话语，可以产生更好的推广营销的效果。

12.3.1 抖音营销，内容 + 主页宣传

商家在抖音上进行网络营销时，可以直接使用内容营销。具体地说，内容营销不是传统的植入式广告，而是一种把产品包装成内容，让内容植入产品的营销形式，它会产生内容即广告的营销效果。

短视频是很好的内容载体，它有利于构建各种各样的场景模式，在很短时间内就能浓缩出完整的传播信息，这种优势在产品推广中有着非常重要的作用。基于短视频的内容营销，商家需要注意 3 个方面，如图 12-6 所示。

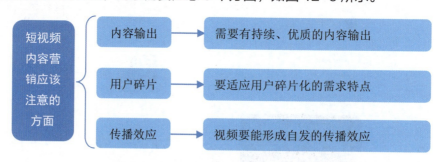

图 12-6 短视频内容营销要注意的方面

这里还是以《Vlog 短视频》为例，该作者不仅在其抖音号上分享书中的相关案例，还在其主页对该书进行了宣传，比如将《Vlog 短视频》宣传图设置为主页封面，又比如在个性签名栏添加图书信息，如图 12-7 所示。

图 12-7　内容 + 主页宣传案例

12.3.2　视频号营销,线上线下联动

在产品运营过程中,除了产品和消费者这两大因素之外,商家还需要注意一个非常重要的因素,那就是产品的推广渠道。

产品的推广渠道,对于一款产品是否能够成为爆款有很重要的影响力。对于同一件产品,选择适合和不适合的推广渠道,其结果也会不同,其详细分析如图 12-8 所示。

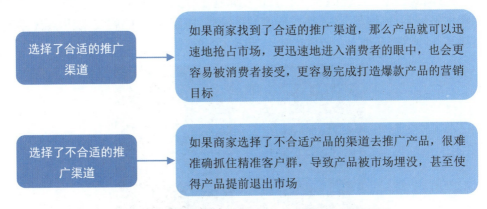

图 12-8　同一款产品选择合适和不合适推广渠道的结果

此外,商家还需要清楚产品推广的渠道——产品的推广渠道可以分为两种,即线上渠道和线下渠道。线上渠道包括各大电商网站、微信、微博以及短视频平

台等，线下渠道包括各大零售店、各大卖场、产品展会、产品宣传海报张贴和线下活动等。

一般来说，在线上进行推广的成本比线下要低，但并不代表线下推广这一步就可以省略。线下推广自有它的好处，比如它获得的粉丝更精准。所以说，企业或商家在进行网络营销时，应该线上和线下相结合，以获取更多的流量，提升自身影响力。

例如，《Vlog 短视频》作者在其微信视频号中，对自己的"vivi 的新书签售会·杭州场"活动进行了大肆宣传，如图 12-9 所示。

图 12-9　vivi 的微信视频号

经作者"vivi 的理想生活"在微信视频号上大力宣传后，10 月 31 日的"vivi 的新书签售会·杭州场"活动热闹程度超乎预料，原定 50 人的席位，现场座无虚席，甚至某些粉丝挤在地上，盘腿而坐，如图 12-10 所示。

图 12-10　活动现场照（摄影师：vivi 的理想生活）

> **专家提醒**
>
> 在现在这个互联网的时代，信息传播迅速，使得用户非常容易了解到社会上的事情，因此很多商家会选在线上平台去宣传推广自己的产品。但有时因消费群体的不同，他们在接受社会信息时，也会有一定的差异。
>
> 总而言之，商家应该针对产品定位的消费群体进行差异化营销，这里建议商家可以根据自己产品的特性或消费群体，去选择绝佳的推广渠道和推广方法，为自己的产品宣传造势。

12.3.3 B站营销，利用个性签名

随着B站"出圈"，一时间成为全国焦点，《Vlog短视频》作者也积极把握风口，及时入驻了B站，并利用B站的个性签名来为自己的新书做网络营销，如图12-11所示。

图 12-11 vivi 的理想生活在 B 站的账号

12.4 电商营销：促成用户交易

随着互联网的发展，电商营销迅速崛起，开网店创业成为一种时尚。从2013年的电商元年到现在，互联网电商发展的势头也逐渐变缓，电商平台不再有大量的用户增长，零售业借助互联网电商模式得到了飞速发展。在2016年互联网云栖大会上，阿里提出了"新零售"的概念，让零售业看到了新的发展希望，

同时诸如"直播+电商"之类新的电商模式和玩法也层出不穷。

京东、淘宝和拼多多之类电商平台在近几年不仅发展势头迅猛,而且商业价值也越来越大,同时这些电商营销模式还可以同时迸发,相互合作,可以为商家创造巨大的利润。

12.4.1　京东与当当,争取上首页

由于作者进行了多渠道网络营销,《Vlog 短视频》一书上线京东商城和当当网不久后,便取得了惊人的成绩,拿下了这两个平台的摄影类新书榜第 1 名,如图 12-12 和图 12-13 所示。

图 12-12　京东商城摄影类新书榜

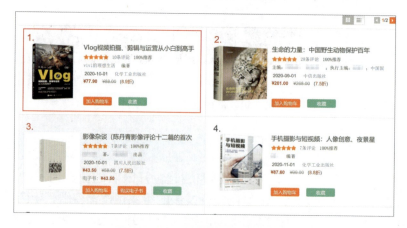

图 12-13　当当网摄影类新书榜

因此，商家可以向《Vlog 短视频》的作者学习，力争上游，让自己的产品进入电商平台的某个排行榜，如新品榜、热搜榜和销量榜等。当商家的产品热度很高时，电商平台会将产品预览图推送到专题首页；当商家想增加产品热度时，可以选择电商平台的付费服务，交付一定资金后，电商平台会将商家的产品推送到专题首页。例如，《Vlog 短视频》一书十分火爆，当当网便将该书推送到了摄影专题首页，如图 12-14 所示。

图 12-14　摄影专题首页

这里以京东为例，对电商营销进行分析。京东是一种 B2C 模式，不过它与天猫的区别在于高度自营，是一种企业级的 B2C 电商模式，类似于大商场。因此，京东可以说是一个自营式电商模式的综合门户平台，这种电商模式的主要特征和平台优势如图 12-15 所示。

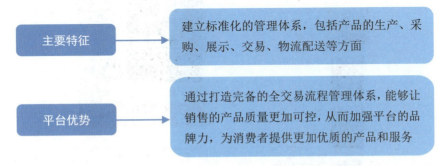

图 12-15　自营式电商模式的主要特征和平台优势

> **专家提醒**
>
> 其中，自营是指由商家提供相关产品及信息，京东负责销售与售后，这是一种为自有品牌代工的 OEM（Original Equipment Manufacturer，原始设备制造商，也称为定点生产，俗称代工生产）模式。

12.4.2 淘宝营销，争取上首页

商家在淘宝开店首先需要一个准确的市场定位，因为只有对市场和产品定位做到心中有数，才能在激烈的竞争中占据一席之地。

俗话说："隔行如隔山。"因为每一行都有自己的门道和特点，因此商家需要不断积累经验，选择最适合自己从业的类型。那么，商家要如何选择适合自己的类型呢？可以遵从以下几项原则。

（1）资源广：有广泛的货源，如开服装店，自己家附近有大型衣帽批发市场。

（2）行业前景好：产品的前景好，卖家看中该行业的前景，知道一定会赚钱。

（3）卖家个人兴趣：根据自己的兴趣来定，这种情况一定要坚持下去，哪怕一开始不容易，后面也会越来越好的。

当然，商家除了可以自己开淘宝店外，还可以将自己的产品扩散至其他淘宝店，以此可以扩大自己的营销范围。譬如，当《Vlog 短视频》登顶当当网和京东商城的摄影类新书榜时，淘宝的图书商家立马上架了《Vlog 短视频》书籍，如图 12-16 所示。

图 12-16　淘宝商家上架的《Vlog 短视频》书籍

12.4.3 拼多多营销，争取上首页

对于商家来说，社交电商主要是指运用各种社交工具、社会化媒体和新媒体平台，来实现网络营销和商品推广等目的。另外，在这个过程中，商家还会聚集更多的粉丝群体，同时这些粉丝还会相互传导，帮你带来更多的顾客。

社交电商也就是"社交元素＋电子商务"，其中社交元素包括关注、分享、交流、评论以及互动等行为，并将这些行为应用到电商中，可以实现流量的快速裂变。例如，拼多多就是一个专注于C2B（Customer to Business，即消费者到企业）拼团的第三方社交电商平台，用户通过发起和朋友、家人或者邻居等的拼团，可以以更低的价格购买优质商品。拼多多平台上包含了各种社交互动元素，刺激用户进行分享。

拼多多不仅平台流量大，而且开店门槛非常低，只要你有一定的供货能力，就可以在拼多多上面开店。在产品类型方面，应尽量为低价的且走量大的产品，因为低价能够快速获客，量大能够制造出漂亮的数据，这些都是非常符合平台偏好的。举例来说，《Vlog 短视频》书籍在拼多多上的价格明显比京东要低一些，这便是拼多多营销的一大优势，如图 12-17 所示。

图 12-17 京东价格（左）与拼多多价格（右）

因此，产品成本、工价成本和物流成本都是需要商家慎重考虑的因素，我们必须去迎合平台的偏好，这样才能成为平台欢迎的商家。

12.5 其他平台：方法多多益善

当然，网络营销的平台还有很多，下面主要以微博、今日头条和简书为例，为大家介绍网络营销的其他玩法。

12.5.1 微博营销，获得营销力量

微博是一个人人可以分享的平台，它给商家带来的是令人叹为观止的营销力量。在当今这个网络时代，微博以简单快捷的操作和庞大的用户群体，逐步发展成为营销利器，为企业带来了巨大的收益。由于网络营销的迅速发展，一时成为热门，微博也因此成为商家营销推广的重要平台。

这里建议商家可以先在微博上发布一些跟手机摄影相关的信息，然后再引出自己的产品，以推荐的形式向大家介绍这本书，甚至可以加上链接和图片，来丰富微博内容。例如，《Vlog短视频》作者不仅在微博上分享自己的生活随想，还会对自己的新书进行宣传，如图12-18所示。

图12-18 微博营销案例

> **专家提醒**
>
> 微博营销面对的人群是非常广泛的，只要善于发现好的微博进行转发和评论，多多与网友们进行互动即可，但是商家的微博内容不要经常围绕营销信息，否则很容易让网友产生反感。
>
> 因此，商家要善于利用微博平台，多发布一些有价值的内容，这样就能获得不错的微博营销效果，从而完成营销目的。

12.5.2 头条营销，精准引流吸粉

今日头条能够根据用户所在的位置，精准地将当地新闻推送给用户，并且还能够根据用户的性别、年龄层次、兴趣爱好等特征，将用户最感兴趣的信息推送给用户。因此，商家可以利用今日头条来宣传自己的产品，不过切忌放出二维码与其他平台的链接。譬如，《Vlog 短视频》作者与"手机摄影构图大全"头条号博主合作，利用"免费直播"和"免费送书"等字眼，吸引"手机摄影构图大全"的精准用户，如图 12-19 所示。

图 12-19　通过今日头条进行精准营销

12.5.3 简书营销，减少广告痕迹

"vivi 的理想生活"在其简书号上的营销相对简单一些，它只在个人介绍中稍微提及了"已出版《Vlog 视频拍摄剪辑与运营》（指《Vlog 短视频》一书）"，这样的营销方法相对来说比较自然，没有广告痕迹，如图 12-20 所示。

图 12-20　"vivi 的理想生活"的简书号界面

此外，该作者还在多篇 Vlog 视频笔记中提及了书中的 Vlog 视频拍摄手法，而且在末尾附上了图书信息，以引导粉丝购买，如图 12-21 所示。

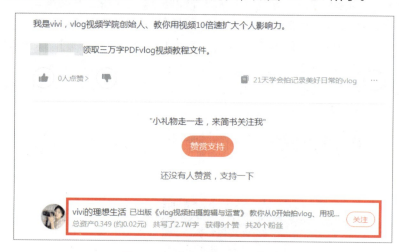

图 12-21　文末附上图书信息

另外，该作者还将书中部分内容拍摄成短视频形式，上传到千聊 Live 平台，并设置成了付费模式。对于用户而言，他们点击链接，即可了解书中部分内容，这可以刺激有需求的用户直接下单购买该图书，如图 12-22 所示。

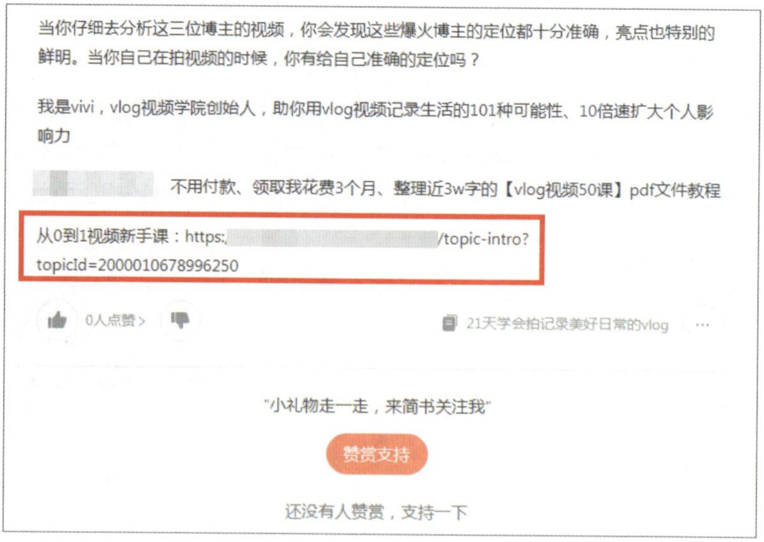

图 12-22　附上短视频链接